미래와 꿈이란 ~

동양북스 외국어
베스트 도서
700만 독자의 선택!

새로운 도서,
다양한 자료
동양북스
홈페이지에서
만나보세요!

www.dongyangbooks.com
m.dongyangbooks.com

※ 학습자료 및 MP3 제공 여부는 도서마다 상이하므로 확인 후 이용 바랍니다.

홈페이지 도서 자료실에서 학습자료 및 MP3 무료 다운로드

PC

❶ 홈페이지 접속 후 도서 자료실 클릭
❷ 하단 검색 창에 검색어 입력
❸ MP3, 정답과 해설, 부가자료 등 첨부파일 다운로드
  * 원하는 자료가 없는 경우 '요청하기' 클릭!

MOBILE

* 반드시 '인터넷, Safari, Chrome' App을 이용하여 홈페이지에 접속해주세요. (네이버, 다음 App 이용 시 첨부파일의 확장자명이 변경되어 저장되는 오류가 발생할 수 있습니다.)

❶ 홈페이지 접속 후 ☰ 터치

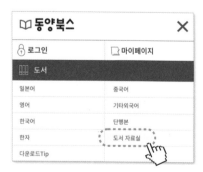

❷ 도서 자료실 터치

❸ 하단 검색창에 검색어 입력
❹ MP3, 정답과 해설, 부가자료 등 첨부파일 다운로드
  * 압축 해제 방법은 '다운로드 Tip' 참고

오늘부터 일본어

STEP 2

오늘부터 일본어 STEP 2

초판 인쇄 | 2024년 4월 25일
초판 발행 | 2024년 5월 10일

지은이 | 이상원, 손동주, 임태희, 김옥선, 서만식, 손다은
발행인 | 김태웅
책임 편집 | 길혜진, 이서인
일러스트 | 권석란
디자인 | 남은혜, 김지혜
마케팅 총괄 | 김철영
온라인 마케팅 | 김은진
제작 | 현대순

발행처 | (주)동양북스
등   록 | 제2014-000055호
주   소 | 서울시 마포구 동교로22길 14 (04030)
구입 문의 | 전화 (02)337-1737 팩스 (02)334-6624
내용 문의 | 전화 (02)337-1762 dybooks2@gmail.com

ISBN 979-11-7210-031-5 14730
      979-11-5768-990-3 (세트)

"차근차근 한 걸음씩"

오늘부터 일본어

STEP 2

이상원, 손동주, 임태희, 김옥선, 서만식, 손다은 지음

동양북스

책을 펴내며

본 교재는 한국어를 모국어로 하는 학습자가 보다 쉽게 일본어를 익힐 수 있도록 학습자의 입장에서 구성한 교재입니다.

일본어는 한국어와 어순이 비슷하여 학습동기적인 측면에서 접근성이 좋을 뿐만 아니라, 한국어의 한자어와 비슷한 음으로 발음되는 어휘가 많아 흥미를 가지기에 좋은 언어이기도 합니다.

그럼에도 일본어는 공부하면 할수록 어렵다고 호소하는 분들이 많습니다. 사실 여기에는 몇 가지 원인이 있습니다. 한자마다 음독(音読)과 훈독(訓読) 두 가지로 읽는 법을 암기해야 하는 점, 한국인에게는 다소 생소한 화자 중심의 수동 및 사역수동 표현, 비즈니스나 공식적인 자리에서 사용되는 경어체 등이 그 예가 될 수 있습니다.

본 교재에서는 이와 같은 어려움을 느끼는 분들을 위해 실생활에서 자주 사용되는 기본표현과 어휘는 물론, 일본어능력시험(JLPT) N4, N5 수준에 해당하는 문형 및 연습문제를 함께 구성하여 심화 학습까지 가능하도록 하였습니다. 나아가 〈문화〉 페이지를 통해 일본 문화에 대한 상식도 자연스럽게 쌓을 수 있도록 하였습니다.

필자는 외국어 학습에 있어서 가장 중요한 것은 꾸준한 학습이라고 생각합니다. 일본 속담에 「石の上にも3年」이라는 말이 있습니다. 무슨 일이든 적어도 3년은 꾸준히 해야 한다는 뜻입니다. 여러분이 본 교재를 시작으로 계속해서 꾸준히 일본어를 공부한다면 일본어 실력의 향상은 물론, 각종 시험 준비나 일본어 관련 분야로의 진출 등 각자가 목표한 바를 이룰 수 있을 것이라 확신합니다.

마지막으로 이 교재를 집필할 수 있는 기회를 주신 동양북스 김귀찬 부장님과 길혜진 과장님, 완성도 높은 교재를 위해 수고해 주신 권기은 편집자님께 감사의 인사를 드립니다. 그리고 이 교재가 세상에 나오기까지 밤낮으로 함께 고생하신 집필진 선생님 모두에게도 감사의 인사를 드립니다.

2023년 12월
저자 이상원

차례

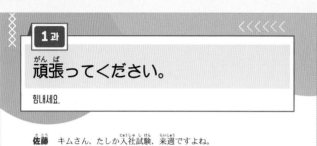

1과

頑張（がんば）ってください。

힘내세요.

佐藤（さとう） キムさん、たしか入社試験（にゅうしゃしけん）、来週（らいしゅう）ですよね。

キム ええ、来週（らいしゅう）の土曜日（どようび）です。心配（しんぱい）で夜寝（よる ね）られないんですよ。

佐藤（さとう） 心配（しんぱい）しなくても大丈夫（だいじょうぶ）です。しっかり準備（じゅんび）して来（き）たから。

キム でも…、特（とく）に面接（めんせつ）が自信（じしん）なくて…。

佐藤（さとう） 面接（めんせつ）の方（ほう）も一緒（いっしょ）に練習（れんしゅう）しましたから心配入（しんぱい い）らないよ。

1 대화문

각 과에서 배울 표현을 인물들의
대화를 통해 살펴봅니다.

새로운 단어

▶ Track 01-02

□ たしか	분명, 아마	□ 入社試験（にゅうしゃしけん）	입사 시험
□ しっかり	착실히	□ 心配（しんぱい）	걱정
□ 特（とく）に	특히	□ 準備（じゅんび）	준비
□ 自信（じしん）	자신	□ 面接（めんせつ）	면접
□ 応援（おうえん）	응원	□ 練習（れんしゅう）	연습
□ 最善（さいぜん）を尽（つ）くす	최선을 다하다	□ 最後（さいご）	마지막
□ 頑張（がんば）る	힘내다	□ 期末試験（きまつしけん）	기말시험

2 새로운 단어

본 학습에 들어가기 전에 새로운
어휘들을 미리 익혀봅니다.

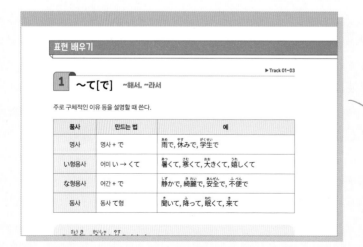

표현 배우기

▶ Track 01-03

1 ～て[で] ~해서, ~라서

주로 구체적인 이유 등을 설명할 때 쓴다.

품사	만드는 법	예
명사	명사 + で	雨（あめ）で、休（やす）みで、学生（がくせい）で
い형용사	어미 い → くて	暑（あつ）くて、寒（さむ）くて、大（おお）きくて、嬉（うれ）しくて
な형용사	어간 + で	静（しず）かで、綺麗（きれい）で、安全（あんぜん）で、不便（ふべん）で
동사	동사 て형	聞（き）いて、降（ふ）って、眠（ねむ）くて、来（き）て

3 표현 배우기

새로운 문형과 문법을 다양한
예문을 통해 익힙니다.

4 연습문제

학습한 내용을 연습문제를 풀며
다시 한 번 복습합니다.

연 습 문 제

1 예문과 같이 빈 칸을 채우세요.

예
Ⓐ やっと来ましたね。(渋滞している)
Ⓑ すみません、渋滞していて。

① Ⓐ もっと大きい声で話してください。(お腹が空いている)

Ⓑ _____。

5 문화

일본에 관한 기본 정보나 상식을
간단하게 배워 봅니다.

문화

사시미(刺身) 이야기

'사시미'란, 날것의 어패류나 육고기에 간장, 고추냉이 등의 양념을 곁들여서 먹는 요리를 말한다.

「사시미(刺身)」는 '찌르다, 꽂다'를 뜻하는 「사스(刺す)」와 '몸, 생선 등의 살'을 뜻하는 「미(身)」가 합쳐진 말로, 그 어원을 살펴보면, 중세 무사정권시대에 손님을 받게 된 어느 장군이 부하에게 맛있는 요리와 술을 준비하도록 지시했다. 조리장은 최선을 다해 산해진미의 음식과 열 가지가 넘는 생선회를 만들어 올렸는데, 그 맛에 반한 손님이 횟감으로 쓰인 생선에 대해 물었다. 당황한 장군은 조리장을 불러 물어봤는데, 조리장은 횟감으로 사용된 생선의 이름과 조리법을 자세히 설명해 주었고 장군도 그 모습에 감탄했다고 한다. 이후 조리장은 어떻게 하면 이러한 생선의 이름을 쉽게 알게 하도록 할 수 있

頑張ってください。

힘내세요.

▶ Track 01-01

佐藤 キムさん、たしか入社試験、来週ですよね。

キム ええ、来週の土曜日です。心配で夜寝られないんですよ。

佐藤 心配しなくても大丈夫です。しっかり準備してきたから。

キム でも…、特に面接に自信なくて…。

佐藤 面接の方も一緒に練習しましたから心配いらないよ。

キム そうですかね。いつも応援してくれてありがとうございます。

　　　　最後まで最善を尽くします。

　　　　佐藤さんも期末試験頑張ってください。

佐藤 ありがとう。

해석

사토	김 씨, 아마 입사 시험이 다음 주이지요?
김	네, 다음 주 토요일입니다. 걱정이 돼서 밤에 잠이 안 와요.
사토	걱정하지 않아도 돼요. 착실히 준비를 해 왔으니까요.
김	하지만……, 특히 면접이 자신 없어서…….
사토	면접도 같이 연습했으니까 걱정할 필요 없어요.
김	그런가요? 늘 응원해 줘서 고마워요.
	마지막까지 최선을 다하겠습니다.
	사토 씨도 기말시험 잘 보세요.
사토	고마워요.

☐ たしか	분명, 아마	☐ 入社試験 ^{にゅうしゃしけん}	입사 시험
☐ しっかり	착실히	☐ 心配 ^{しんぱい}	걱정
☐ 特に ^{とく}	특히	☐ 準備 ^{じゅんび}	준비
☐ 自信 ^{じしん}	자신	☐ 面接 ^{めんせつ}	면접
☐ 応援 ^{おうえん}	응원	☐ 練習 ^{れんしゅう}	연습
☐ 最善を尽くす ^{さいぜん つ}	최선을 다하다	☐ 最後 ^{さいご}	마지막
☐ 頑張る ^{がんば}	힘내다	☐ 期末試験 ^{きまつしけん}	기말시험
☐ 寝坊する ^{ねぼう}	늦잠자다	☐ 病気 ^{びょうき}	질병
☐ 冷房 ^{れいぼう}	냉방	☐ 遅刻 ^{ちこく}	지각
☐ 先に ^{さき}	먼저	☐ 安全 ^{あんぜん}	안전
☐ 合格 ^{ごうかく}	합격	☐ 体調 ^{たいちょう}	몸 상태
☐ ぐっすり	푹	☐ ずっと	계속해서
☐ 渋滞する ^{じゅうたい}	밀리다	☐ 寝不足 ^{ねぶそく}	수면부족
☐ 都合が悪い ^{つごう わる}	사정이 생기다	☐ お腹が痛い ^{なか いた}	배가 아프다
☐ 親友 ^{しんゆう}	친한 친구	☐ カラオケ	노래방

▶ Track 01-03

1 ～て[で] ~해서, ~라서

주로 구체적인 이유 등을 설명할 때 쓴다.

품사	만드는 법	예
명사	명사 + で	雨で, 休みで, 学生で
い형용사	어미 い → くて	暑くて, 寒くて, 大きくて, 嬉しくて
な형용사	어간 + で	静かで, 綺麗で, 安全で, 不便で
동사	동사 て형	聞いて, 降って, 眠くて, 来て

❶ 病気で会社を休みました。
아파서 회사를 쉬었습니다.

❷ 週末は都合が悪くて、行けません。
주말에는 사정이 생겨서 갈 수 없습니다.

❸ スマホは便利で、よく使います。
스마트 폰은 편리해서 자주 사용합니다.

❹ 寝坊して、学校に遅刻しました。
늦잠을 자서 학교에 지각했습니다.

2 보통형 + から ~이니까, ~이기 때문에

이유나 상황 등을 주관적인 입장에서 표현할 때 사용한다.

품사	만드는 법	예
명사	명사 + だから	雨だから, 休日だから, 学生だから
	부정형 + から	雨じゃないから, 休日じゃないから
	과거형 + から	雨だったから, 休日だったから
	과거부정형 + から	雨じゃなかったから, 休日じゃなかったから
い형용사	기본형 + から	暑いから, 寒いから, 大きいから
	부정형 + から	暑くないから, 寒くないから, 大きくないから
	과거형 + から	暑かったから, 大きかったから
	과거부정형 + から	暑くなかったから, 大きくなかったから
な형용사	기본형 + から	静かだから, 安全だから, 不便だから
	부정형 + から	静かじゃないから, 安全じゃないから
	과거형 + から	静かだったから, 安全だったから
	과거부정형 + から	静かじゃなかったから, 安全じゃなかったから
동사	기본형 + から	聞くから, 降るから, 終わるから, 来るから
	부정형 + から	聞かないから, 降らないから, 来ないから
	과거형 + から	聞いたから, 降ったから, 来たから
	과거부정형 + から	聞かなかったから, 降らなかったから

▶ Track 01-05

❶ 明日は休みだから、どこか遊びに行きたいです。

내일은 휴일이라서 어딘가 놀러 가고 싶습니다.

❷ 暑いから、冷房を入れてください。

더우니까 냉방을 켜 주세요.

❸ ここは安全ですから、大丈夫です。

여기는 안전하므로 괜찮습니다.

❹ 私が待っているから、先に行ってください。

제가 기다리고 있을 테니 먼저 가세요.

3 보통형 + ので   ~이므로, ~이기 때문에

이유나 상황, 변명 등을 정중하게 설명할 때 쓴다.

품사	만드는 법	예
명사	명사 + なので	雨<ruby>あめ</ruby>なので, 休日<ruby>きゅうじつ</ruby>なので, 学生<ruby>がくせい</ruby>なので
	부정형 + ので	雨<ruby>あめ</ruby>じゃないので, 休日<ruby>きゅうじつ</ruby>じゃないので
	과거형 + ので	雨<ruby>あめ</ruby>だったので, 休日<ruby>きゅうじつ</ruby>だったので
	과거부정형 + ので	雨<ruby>あめ</ruby>じゃなかったので, 休日<ruby>きゅうじつ</ruby>じゃなかったので
い형용사	기본형 + ので	暑<ruby>あつ</ruby>いので, 寒<ruby>さむ</ruby>いので, 大<ruby>おお</ruby>きいので
	부정형 + ので	暑<ruby>あつ</ruby>くないので, 寒<ruby>さむ</ruby>くないので, 大<ruby>おお</ruby>きくないので
	과거형 + ので	暑<ruby>あつ</ruby>かったので, 大<ruby>おお</ruby>きかったので
	과거부정형 + ので	暑<ruby>あつ</ruby>くなかったので, 大<ruby>おお</ruby>きくなかったので
な형용사	어간 + なので	静<ruby>しず</ruby>かなので, 安全<ruby>あんぜん</ruby>なので, 不便<ruby>ふべん</ruby>なので
	부정형 + ので	静<ruby>しず</ruby>かじゃないので, 安全<ruby>あんぜん</ruby>じゃないので
	과거형 + ので	静<ruby>しず</ruby>かだったので, 安全<ruby>あんぜん</ruby>だったので
	과거부정형 + ので	静<ruby>しず</ruby>かじゃなかったので, 安全<ruby>あんぜん</ruby>じゃなかったので
동사	기본형 + ので	聞<ruby>き</ruby>くので, 降<ruby>ふ</ruby>るので, 終<ruby>お</ruby>わるので, 来<ruby>く</ruby>るので
	부정형 + ので	聞<ruby>き</ruby>かないので, 降<ruby>ふ</ruby>らないので, 来<ruby>こ</ruby>ないので
	과거형 + ので	聞<ruby>き</ruby>いたので, 降<ruby>ふ</ruby>ったので, 来<ruby>き</ruby>たので
	과거부정형 + ので	聞<ruby>き</ruby>かなかったので, 降<ruby>ふ</ruby>らなかったので

표현 배우기

▶ Track 01-07

❶ 週末は大雨だったので、どこにも行けませんでした。

주말에는 비가 많이 와서 어디에도 못 갔습니다.

❷ ちょっと頭が痛いので、今日は家に帰ります。

머리가 좀 아파서 오늘은 집에 가겠습니다.

❸ 私は歌が下手なので、カラオケはちょっと…。

저는 노래를 잘 못해서 노래방은 좀…….

❹ 事故があったので、遅れてしまいました。

사고가 있어서 늦어버렸습니다.

4 ～おかげで　~덕분에

좋은 결과에 대해 감사의 뜻을 나타내는 표현이다. 그리고 직접적으로 감사의 뜻을 전할 경우, 어두에 'おかげさまで'로 표현하기도 한다.

품사	만드는 법	예
명사	명사 + のおかげで	先生のおかげで, 両親のおかげで
い형용사	과거형 + おかげで	涼しかったおかげで, 安かったおかげで
な형용사	어간 + なおかげで	健康なおかげで, 便利なおかげで
	과거형 + おかげで	静かだったおかげで, 安全だったおかげで
동사	과거형 + おかげで	頼んだおかげで, 助けてくれたおかげで

❶ 先生のおかげで、試験に合格しました。

선생님 덕분에 시험에 합격했어요.

❷ 涼しかったおかげで、ぐっすり眠れました。

시원했던 덕분에 푹 잘 수 있었습니다.

❸ 健康なおかげで、楽しく働いています。

건강한 덕분에 즐겁게 일하고 있습니다.

❹ 親友が手伝ってくれたおかげで、早く終わりました。

친한 친구가 도와준 덕분에 빨리 끝났습니다.

❺ Ⓐ 就職おめでとうございます。 취직 축하합니다.

Ⓑ おかげさまで無事就職できました。 덕분에 무사히 취직할 수 있었습니다.

▶ Track 01-09

5 ～せいで　~탓에, ~때문에

좋지 않은 결과에 대해 탓하는 표현이다.

품사	만드는 법	예
명사	명사 + のせいで	雨のせいで, 仕事のせいで
い형용사	기본형 + せいで	暑いせいで, 高いせいで
	과거형 + せいで	暑かったせいで, 高かったせいで
な형용사	어간 + なせいで	不便なせいで, 危険なせいで
	과거형 + せいで	不便だったせいで, 危険だったせいで
동사	기본형 + せいで	寝坊するせいで
	과거형 + せいで	飲み過ぎたせいで

❶ 雪のせいで、バスが遅れました。

눈이 와서 버스가 늦었습니다.

❷ 昨日体調が悪かったせいで、ずっと寝ていました。

어제 몸이 안 좋아서 계속 잤습니다.

❸ 交通が不便なせいで、遅れてしまいました。

교통이 불편해서 늦고 말았습니다.

❹ 食べ過ぎたせいで、お腹が痛いです。

과식을 해서 배가 아픕니다.

연습문제

1 예문과 같이 빈 칸을 채우세요.

예

Ⓐ やっと来ましたね。(渋滞している)

Ⓑ <u>すみません、渋滞していて</u> 。

❶ Ⓐ もっと大きい声で話してください。(お腹が空いている)

Ⓑ _____ 。

❷ Ⓐ 日曜日、コンサートに行きませんか。(土曜日から出張)

Ⓑ _____ 。

❸ Ⓐ どうしてレポートを出さなかったんですか。(忘れてしまう)

Ⓑ _____ 。

❹ Ⓐ 元気がないですね。(夕べ暑くて寝られない)

Ⓑ _____ 。

단어 お腹が空く 배가 고프다 ｜ コンサート 콘서트

예

Ⓐ 今晩、飲みに行きませんか。(用事がある)

Ⓑ あ、今晩は用事があるので、ちょっと …。

① Ⓐ 冬休み、一緒に旅行しませんか。(日本語を習う)

Ⓑ _____ …。

② Ⓐ これからカラオケに行きませんか。(私は歌が下手だ)

Ⓑ _____ …。

③ Ⓐ 具合が悪いんですか。(今日、寝不足だ)

Ⓑ _____ …。

④ Ⓐ 食事しに行かないんですか。(朝ご飯が遅かった)

Ⓑ _____ …。

단어 具合が悪い 상태가 안 좋다

예문과 같이 빈 칸을 채우세요.

> **예**
>
> あなたの おかげで 、成功しました。
>
> 台風の せいで 、飛行機に乗れませんでした。

① お酒を飲み過ぎた＿＿＿＿＿、気持ちが悪いです。

② 体が丈夫な＿＿＿＿＿、風邪を引いたことがありません。

③ 大雨の＿＿＿＿＿、出かけられませんでした。

④ 家の近くにコンビニができた＿＿＿＿＿、便利になりました。

⑤ 熱帯夜が続いている＿＿＿＿＿、眠れませんでした。

⑥ Ａ お子さんの怪我はどうですか。

 Ｂ ＿＿＿＿＿＿＿＿＿＿＿、だいぶよくなりました。

단어 **台風** 태풍 | **熱帯夜** 열대야 | **怪我** 상처 | **だいぶ** 많이

4 일본어로 써 보세요.

① 유능한 사원 덕분에 매상이 올랐습니다.

_____ 。

② 주행 중에는 위험하니까 일어서지 마십시오.

_____ 。

③ 버스가 늦게 와서 지각하고 말았습니다.

_____ 。

④ 수면부족으로 면접시험에 지각하고 말았습니다.

_____ 。

⑤ 매일 운동하는 덕분에 항상 건강합니다.

_____ 。

단어　有能^{ゆうのう}だ 유능하다 ｜ 売^うり上^あげ 매상 ｜ 走行^{そうこう} 주행

20

사시미(刺身) 이야기

　'사시미'란, 날것의 어패류나 육고기에 간장, 고추냉이 등의 양념을 곁들여서 먹는 요리를 말한다.

　「사시미(刺身)」는 '찌르다, 꽂다'를 뜻하는 「사스(刺す)」와 '몸, 생선 등의 살'을 뜻하는 「미(身)」가 합쳐진 말로, 그 어원을 살펴보면, 중세 무사정권시대에 손님을 받게 된 어느 장군이 부하에게 맛있는 요리와 술을 준비하도록 지시했다. 조리장은 최선을 다해 산해진미의 음식과 열 가지가 넘는 생선회를 만들어 올렸는데, 그 맛에 반한 손님이 횟감으로 쓰인 생선에 대해 물었다. 당황한 장군은 조리장을 불러 물어봤는데, 조리장은 횟감으로 사용된 생선의 이름과 조리법을 자세히 설명해 주었고 장군도 그 모습에 감탄했다고 한다. 이후 조리장은 어떻게 하면 어려운 생선의 이름을 쉽게 알도록 할 수 있을지 고민한 끝에, 작은 깃발에 생선의 이름을 적어 생선회에 꽂아 내놓는 방법을 고안해 냈다. 이후 장군은 손님을 접대할 때 이러한 방식으로 생선회를 즐겼다고 한다. 그래서 생선살에 횟감의 이름이 적힌 깃발을 꽂았다고 하여 생선회를 '사시미'라 부르게 되었다고 한다.

2과

バイトをしなければなりません。

아르바이트를 하지 않으면 안 됩니다.

▶ Track 02-01

キム 田中さんの焼きそば屋でバイトがしたいんですが…。

田中 どうしたんですか。今の会社は…。

キム 実は、今年の9月に双子が生まれるので、

これから夜もバイトをしなければならないんです。

田中 会社で残業をしたりしないんですか。

キム はい、残業もあまりないし、しなくても構わないんです。

そして、残業手当ても安いので、バイトの方がいいと思って…。

田中 そうですか。大変ですね。

一応分かりました。後で連絡します。

□ 焼きそば屋	야키소바 가게	□ 無くす	잃어버리다
□ 実は	사실은	□ 疲れる	피곤하다
□ 残業	잔업	□ 税金	세금
□ 一応	일단	□ 入場料	입장료
□ 資料	자료	□ 脱ぐ	벗다
□ 用事	볼일, 용무	□ 払う	지불하다
□ 嘘をつく	거짓말을 하다	□ 返す	돌려주다
□ 大切にする	소중히 하다	□ 構わない	상관없다
□ 宿題	숙제	□ 怒られる	혼나다
□ 飲み会	회식	□ 口に合う	입맛에 맞다
□ 押す	밀다, 누르다	□ 噛む	물다, 씹다
□ よろしい	「いい」의 공손한 표현	□ ロンドン	런던
□ 双子	쌍둥이	□ パリ	파리
□ 手当て	수당	□ ルール	룰, 규칙
□ 連絡する	연락하다	□ ローマ	로마

1 동사의 부정형(ない형) ~하지 않다

종류	만드는 법	예
1그룹	어미 う단 → あ단 + ない 단, 어미가 う → わ	行かない, 貸さない, 待たない, 飲まない, 終わらない ※ 買わない, 会わない
2그룹	어미 る → ない	見ない, 食べない, 寝ない
3그룹	来る → 来ない する → しない	来ない 運動しない, 買い物しない

▶ Track 02-03

❶ 夜はコーヒーを飲まない。
밤에는 커피를 마시지 않는다.

❷ 私は、テレビを見ない。
나는 텔레비전을 보지 않는다.

❸ 用事があって、明日の飲み会に行かない。
볼일이 있어서 내일 회식에 가지 않는다.

❹ 疲れたから、運動しない。
피곤해서 운동하지 않는다.

2 동사 ない형의 활용

❶ 동사 ない형 + でください ～하지 말아 주세요

「～てください」에 대응되는 표현으로, '～하지 말아 달라'라는 완곡한 금지 표현이다.

▶ Track 02-04

❶ 大切<small>(たいせつ)</small>な資料<small>(しりょう)</small>ですから、無<small>(な)</small>くさないでください。

중요한 자료이므로 잃어버리지 마세요.

❷ 大丈夫<small>(だいじょうぶ)</small>ですから、心配<small>(しんぱい)</small>しないでください。

괜찮으니까 걱정하지 마세요.

❸ 危<small>(あぶ)</small>ないですから、押<small>(お)</small>さないでください。

위험하니까 밀지 마세요.

❷ 동사 ない형 + で ～하지 않고

'～하지 않은 상태로', '～하지 않고 대신에' 등의 의미를 나타내는 표현이다.

▶ Track 02-05

❶ 今朝<small>(けさ)</small>、朝<small>(あさ)</small>ご飯<small>(はん)</small>を食<small>(た)</small>べないで会社<small>(かいしゃ)</small>へ行<small>(い)</small>きました。

오늘 아침에 아침밥을 먹지 않고 회사에 갔습니다.

❷ 本<small>(ほん)</small>を見<small>(み)</small>ないで答<small>(こた)</small>えてください。

책을 보지 말고 대답해 주세요.

❸ 勉強<small>(べんきょう)</small>しないで、友達<small>(ともだち)</small>と遊<small>(あそ)</small>びました。

공부 안 하고 친구와 놀았습니다.

❹ ロンドンには行<small>(い)</small>かないで、パリとローマに行<small>(い)</small>きました。

런던에는 가지 않고 파리와 로마에 갔습니다.

❸ 동사 ない형 + 方_{ほう}がいい　～하지 않는 것이 좋다

'～하지 않는 것이 좋다'라는 충고나 의견을 말할 때 쓰는 표현이다.

▶ Track 02-06

❶ 危_{あぶ}ない所_{ところ}は行_いかない方_{ほう}がいいです。

위험한 곳은 가지 않는 것이 좋아요.

❷ 嘘_{うそ}をつかない方_{ほう}がいいです。

거짓말을 하지 않는 것이 좋아요.

❸ 健康_{けんこう}のためにお酒_{さけ}を飲_のみ過_すぎない方_{ほう}がいい。

건강을 위해 과음을 하지 않는 것이 좋다.

❹ 동사 ない형에서 「い」→「ければ」+ ならない・いけない・だめだ

　　～하지 않으면 안 된다

본인의 의지와는 상관없이 반드시 해야만 하는 의무나 필요성 등을 나타내는 표현이다.

▶ Track 02-07

❶ ルールを守_{まも}らなければなりません。

룰을 지키지 않으면 안 됩니다.

❷ 明日_{あした}までにレポートを出_ださなければいけません。

내일까지 리포트를 내지 않으면 안 됩니다.

❸ 食事_{しょくじ}の前_{まえ}に手_てを洗_{あら}わなければだめです。

식사하기 전에 손을 씻지 않으면 안 됩니다.

❺ 동사 ない형에서 「い」→「くては」+ ならない·いけない·だめだ

～하지 않아서는 안 된다

반드시 해야만 한다는 의무나 필요성 등을 나타내는 표현이다.

▶ Track 02-08

❶ 国民は税金を払わなくてはなりません。

국민은 세금을 내지 않으면 안 됩니다.

❷ 健康のために野菜を食べなくてはいけませんよ。

건강을 위해 야채를 먹지 않으면 안 돼요.

❸ もっと自分を大切にしなくてはだめです。

더욱 자신을 소중히 하지 않으면 안 됩니다.

❻ 동사 ない형에서 「い」→「くても」+ いい / 構わない / 大丈夫だ

～하지 않아도 된다 / 상관없다 / 괜찮다

반드시 할 필요가 없다는 표현이다.

▶ Track 02-09

❶ ボールペンは返さなくてもいいですよ。

볼펜은 돌려주지 않아도 돼요.

❷ 明日は働かなくても構わないです。

내일은 일하지 않아도 상관없습니다.

❸ 小さい子供は入場料を払わなくても大丈夫です。

어린아이는 입장료를 내지 않아도 괜찮습니다.

❼ 동사 ない형에서 「い」→「くて」 ~하지 않아서

이유와 원인을 나타내는 표현이다.

▶ Track 02-10

❶ 宿題をしなくて、先生に怒られました。

숙제를 안 해서 선생님께 혼났습니다.

❷ 海外旅行で食べ物が口に合わなくて、困りました。

해외여행에서 음식이 입에 안 맞아서 곤란했습니다.

❸ 朝ご飯を食べなくて、お腹が空きました。

아침밥을 먹지 않아서 배가 고픕니다.

❹ バスが来なくて、会議に遅れてしまいました。

버스가 오지 않아서 회의에 늦어버렸습니다.

연 습 문 제

1 예시와 같이 빈 칸을 채우세요.

의미	동사	부정형	의미	동사	부정형
사다	買う	買わない	만나다	会う	
걷다	歩く		가다	行く	
헤엄치다	泳ぐ		이야기하다	話す	
빌려주다	貸す		기다리다	待つ	
들다	持つ		죽다	死ぬ	
부르다	呼ぶ		날다	飛ぶ	
읽다	読む		마시다	飲む	
끝나다	終わる		만들다	作る	
돌아가다	帰る		들어가다	入る	
알다	知る		자르다	切る	
일어나다	起きる		보다	見る	
먹다	食べる		자다	寝る	
오다	来る		하다	する	

② 예문과 같이 빈 칸을 채우세요.

예

遊ぶ → 遊ばない → 遊ばなかった

❶ 行く → ＿＿＿＿＿＿＿＿ → ＿＿＿＿＿＿＿＿

❷ 見る → ＿＿＿＿＿＿＿＿ → ＿＿＿＿＿＿＿＿

❸ 貸す → ＿＿＿＿＿＿＿＿ → ＿＿＿＿＿＿＿＿

❹ 来る → ＿＿＿＿＿＿＿＿ → ＿＿＿＿＿＿＿＿

❺ 運動する → ＿＿＿＿＿＿＿＿ → ＿＿＿＿＿＿＿＿

예

する → 夜遅くまでゲームを しない 方がいいです。

① 言う → このことは誰にも ＿＿＿＿＿＿＿＿方がいいです。

② 働く → 無理して ＿＿＿＿＿＿＿＿方がいいです。

③ 飲み過ぎる → お酒を ＿＿＿＿＿＿＿＿方がいいです。

④ 書く → ボールペンで ＿＿＿＿＿＿＿＿方がいいです。

4 예문과 같이 빈 칸을 채우세요.

> 例
>
> 靴を脱ぐ → 靴を脱がなければならないです。
>
> 靴を脱がなくてもいいです。

❶ 会議に出席する → _____ 。

_____ 。

❷ 急ぐ → _____ 。

_____ 。

❸ タクシーに乗る → _____ 。

_____ 。

❹ 先生に会う → _____ 。

_____ 。

5 일본어로 써 보세요.

❶ 다음 주 시험이라서 공부하지 않으면 안 됩니다.

_____ 。

❷ 약속을 지키지 않으면 안 됩니다.

_____ 。

❸ 회의에 출석하지 않아도 됩니다.

_____ 。

❹ 무리하지 않는 편이 좋습니다.

_____ 。

❺ 위험하니까 밀지 말아 주세요.

_____ 。

辛い物が食べられますか。

매운 것을 먹을 수 있습니까?

▶ Track 03-01

パク 韓国は辛い料理が多いですけど、辛い物が食べられますか。

佐藤 はい、韓国に来たばかりの頃は食べられませんでしたけど、
今は食べられるようになりました。

パク では、「ブルダック」と言うラーメンも食べられますか。

佐藤 それは絶対無理です。

パク そうですね。それはとても辛くて、韓国人でも食べられない
人が結構いますね。

佐藤 「トッポッキ」は食べられます。
今度一緒に食べに行きましょう。

해석

박	한국은 매운 요리가 많습니다만, 매운 걸 먹을 수 있나요?
사토	네, 한국에 온 지 얼마 안 됐을 때는 못 먹었습니다만, 지금은 먹을 수 있게 되었어요.
박	그럼 '불닭'이라는 라면도 먹을 줄 압니까?
사토	그건 절대 무리입니다.
박	그렇군요. 그건 너무 매워서 한국인 중에도 못 먹는 사람이 꽤 있답니다.
사토	'떡볶이'는 먹을 줄 압니다. 다음에 같이 먹으러 가요.

□ 来たばかりの頃	막 왔을 때	□ 自転車	자전거
□ ～と言う	～라고 하는	□ 雑誌	잡지
□ 無理	무리	□ 借りる	빌리다
□ 今度	다음에	□ 泳ぐ	수영하다
□ 梅干し	매실장아찌	□ ブルダック	불닭
□ 海	바다	□ トッポッキ	떡볶이
□ ～ように	～하도록	□ マンション	맨션〈일본의 아파트〉
□ 絶対	절대	□ ペット	반려동물
□ 飼う	(동물을) 키우다	□ バイク	오토바이

1 동사 기본형 + ことができる ~할 수 있다

할 수 있다는 가능표현이다.

▶ Track 03-03

❶ お酒を飲むことができます。

술을 마실 수 있습니다.

❷ 梅干しを食べることができます。

매실장아찌를 먹을 수 있습니다.

❸ 海で泳ぐことができます。

바다에서 수영할 수 있습니다.

❹ スポーツは何でもすることができます。

스포츠는 무엇이든 할 수 있습니다.

2 동사의 가능형

종류	만드는 법	예
1그룹	어미 う단 → え단 + る	買える, 行ける, 貸せる, 待てる, 飲める, 呼べる, 終われる
2그룹	어미 る → られる	見られる, 食べられる, 寝られる
3그룹	来る → 来られる する → できる	来られる 運動ができる, 買い物ができる

※ '～을 할 수 있다'에서 '～을'은 「を」가 아닌 「が」를 쓴다.

▶ Track 03-04

❶ 私はケーキが作れます。

저는 케이크를 만들 수 있습니다.

❷ このマンションではペットが飼えます。

이 맨션에서는 반려동물을 키울 수 있습니다.

❸ ひらがなは書けますが、カタカナはまだ書けません。

히라가나는 쓸 수 있지만 가타카나는 아직 못 씁니다.

❹ 木村さんはバイクに乗れますか。

기무라 씨는 오토바이를 탈 수 있습니까?

연 습 문 제

1 예시와 같이 빈 칸을 채우세요.

의미	동사	가능형	의미	동사	가능형
만나다	会う	会える	가지다	持つ	
보다	見る		가다	行く	
만들다	作る		나가다	出る	
생각하다	思う		오다	来る	
놀다	遊ぶ		(사진을) 찍다	撮る	
먹다	食べる		팔다	売る	
쓰다	書く		자다	寝る	
가르치다	教える		흡입하다	吸う	
일하다	働く		외우다	覚える	
걷다	歩く		노래하다	歌う	
기다리다	待つ		읽다	読む	
헤엄치다	泳ぐ		배우다	習う	
하다	する		죽다	死ぬ	
사다	買う		씻다	洗う	
쉬다	休む		놓다	置く	

예 예문과 같이 빈 칸을 채우세요.

예

英語で話す → 英語で話すことができますか。

はい、話せます。 / いいえ、話せません。

❶ お酒を飲む → ＿＿＿＿＿＿＿＿＿＿＿＿＿＿＿＿＿。

はい、＿＿＿＿＿＿＿＿＿。 / いいえ、＿＿＿＿＿＿＿＿＿。

❷ 自転車に乗る → ＿＿＿＿＿＿＿＿＿＿＿＿＿＿＿＿＿。

はい、＿＿＿＿＿＿＿＿＿。 / いいえ、＿＿＿＿＿＿＿＿＿。

❸ 漢字を書く → ＿＿＿＿＿＿＿＿＿＿＿＿＿＿＿＿＿。

はい、＿＿＿＿＿＿＿＿＿。 / いいえ、＿＿＿＿＿＿＿＿＿。

❹ ここで少し待つ → ＿＿＿＿＿＿＿＿＿＿＿＿＿＿＿＿＿。

はい、＿＿＿＿＿＿＿＿＿。 / いいえ、＿＿＿＿＿＿＿＿＿。

③ 예문과 같이 빈 칸을 채우세요.

예

海で 泳ぎます → 泳げます。

① 名前がカタカナで 書きます → _____ 。

② この雑誌が 借ります → _____ 。

③ このマンションではペットが 飼います → _____ 。

④ バイクに 乗ります → _____ 。

⑤ スポーツは何でも します → _____ 。

⑥ お腹が痛いですから、 食べません → _____ 。

④ 일본어로 써 보세요.

① 주말에는 친구를 만날 수 있습니다.

_____ 。

② 일이 끝날 때까지 집에 돌아갈 수 없습니다.

_____ 。

③ 초등학생 때부터 수영할 수 있었습니다.

_____ 。

④ 다리가 아파서 못 걷겠습니다.

_____ 。

⑤ 이제 일본어를 말할 수 있습니다.

_____ 。

4과

授業が終わったら何をしますか。

수업이 끝나면 무엇을 합니까?

▶ Track 04-01

田中 イさんは明日授業が終わったら、何をしますか。

イ 授業が終わったら、友達と映画を見に行きます。

田中さんは何をしますか。

田中 私は天気がよければ渋谷へショッピングに行くつもりです。

イ 渋谷ならやはり若者向けの店がたくさんありますよね。

田中 そうですね。流行っている物がたくさん見られますね。

イ そうですね。

해석

다나카	이 씨는 내일 수업이 끝나면 무엇을 합니까?
이	수업이 끝나면 친구와 영화를 보러 갈 거예요.
	다나카 씨는 무엇을 할 건가요?
다나카	저는 날씨가 좋으면 시부야에 쇼핑하러 갈 생각입니다.
이	시부야라면 역시 젊은 취향의 가게가 많지요?
다나카	맞아요. 지금 유행하는 것들을 많이 볼 수 있어요.
이	그렇군요.

▶ Track 04-02

□ 若者向け	젊은 취향	□ 流行る	유행하다
□ 大通り	대로, 큰길	□ 桜の花	벚꽃
□ 氷	얼음	□ 溶ける	녹다
□ 数	수	□ 単位を取る	학점을 따다
□ 橋を渡る	다리를 건너다	□ 左側	왼쪽
□ 右手	오른쪽	□ 建物	건물
□ 毎年	매년	□ 給料	급여
□ 貯金	저금	□ 沸騰する	(물이) 끓다
□ 愛犬	애견	□ 飼い主	(동물의) 주인
□ 姿	모습	□ 外国語	외국어
□ 国際会議	국제회의	□ 開く	열다, 열리다
□ 渋谷	시부야	□ 割る	나누다
□ やはり	역시	□ ショッピング	쇼핑
□ 閉まる	닫히다	□ スキー	스키
□ 足す	더하다	□ ボタン	버튼

가정 · 조건표현

가정·조건표현 「と·ば·たら·なら」는 '만약에 ～라면(한다면)'의 의미로, 뜻은 비슷하지만 연결하는 방식과 쓰임새는 조금씩 다르다.

▶ Track 04-03

1 ～と ~하면

'～한 상황이 되면 반드시 ～하다'라는 표현이다.

품사	만드는 법	예
동사	기본형 + と	買うと, 書くと, 待つと, 読むと, 見ると, 寝ると, 来ると, すると
い형용사	기본형 + と	寒いと, 高いと, 忙しいと, 小さいと, 長いと
な형용사	기본형 + と	暇だと, 元気だと, 好きだと, 下手だと, 不便だと
명사	명사 + だと	雨だと, 休みだと, 子供だと

❶ 자연현상, 논리적인 상황, 일반적인 사실 등을 설명할 때

❶ 春になると、大通りに桜の花が咲きます。

봄이 되면 큰길에 벚꽃이 핍니다.

❷ 氷が溶けると、水になります。

얼음이 녹으면 물이 됩니다.

❸ 1から10までの数を全部足すと、５５になります。

1부터 10까지의 수를 전부 더하면 55가 됩니다.

❹ 単位を取らないと、卒業できません。

학점을 따지 않으면 졸업을 못 합니다.

❷ 사용법을 설명하거나 길을 안내할 때

❶ ここを押すと、ドアが開きます。中に入ると、ドアが閉まります。

여기를 누르면 문이 열립니다. 안에 들어가면 문이 닫힙니다.

❷ お金を入れて、赤いボタンを押すと、ジュースが出ます。

돈을 넣고 빨간 버튼을 누르면 주스가 나옵니다.

❸ 橋を渡ると、左側に公園があります。

다리를 건너면 왼쪽에 공원이 있습니다.

❹ ここをまっすぐ行くと、右手に大きな建物が見えます。

이 길로 똑바로 가면 오른쪽에 큰 건물이 보입니다.

❸ 특정 개인의 반복적인 동작이나 습관적인 행동을 설명할 때

▶ Track 04-06

❶ お祖父さんは天気がいいと、散歩に出かけます。

할아버지는 날씨가 좋으면 산책을 나갑니다.

❷ 兄は冬になると、毎年スキーに行きます。

형은 겨울이 되면 매년 스키를 타러 갑니다.

❸ 私はお酒を飲むと、顔が赤くなります。

저는 술을 마시면 얼굴이 빨갛게 됩니다.

❹ 彼は給料が入ると、貯金します。

그는 급여가 들어오면 저금합니다.

※ 문말에 의지, 권유, 의뢰, 명령, 충고, 희망, 과거표현 등은 올 수 없다.

❶ 明日晴れると、洗濯します。(×)

❷ 明日暇だと、テニスをしましょう。(×)

❸ 本を読むと、返してください。(×)

❹ お酒を飲むと、運転してはいけません。(×)

2 ～ば ~하면

미래에 대한 가정보다는 '조건'을 나타낼 때 주로 사용하는 표현이다.

품사	만드는 법		예
동사	1 그룹	어미 う단 → え단 + ば	買えば, 書けば, 泳げば, 話せば, 持てば, 死ねば, 呼べば, 飲めば, 終われば
	2 그룹	어미 る → れば	見れば, 食べれば, 起きれば, 寝れば
	3 그룹	来る → 来れば する → すれば	来れば 買い物すれば
い형용사	어미 い → ければ		寒ければ, 高ければ, 嬉しければ, いい → よければ
な형용사	어간 + ならば		好きならば, 静かならば, ハンサムならば
명사	명사 + ならば		雨ならば, 休みならば, 学生ならば

❶ 자연현상, 논리적인 사실 등을 설명할 때

▶ Track 04-07

❶ 春が来れば、桜の花が咲きます。 봄이 오면 벚꽃이 핍니다.

❷ 10を2で割れば、5になります。 10을 2로 나누면 5가 됩니다.

❸ 水は100度になれば、沸騰します。 물은 100도가 되면 끓습니다.

❹ 年を取れば、体が弱くなります。 나이를 먹으면 몸이 약해집니다.

단어 年を取る 나이를 먹다

❷ 특정 개인의 반복적인 동작이나 습관적인 행동을 설명할 때

▶ Track 04-08

❶ 母は私の顔を見れば、「勉強しなさい」と言います。

어머니는 제 얼굴만 보면 '공부해라'라고 합니다.

❷ 彼は暇さえあれば、いつもゲームをしています。

그는 틈만 나면 늘 게임을 합니다.

❸ うちの愛犬は飼い主の姿を見れば、跳んで来ます。

우리 집 반려견은 주인의 모습을 보면 뛰어옵니다.

❸ 어떠한 일이 성립되기 위해 필요한 조건을 나타낼 때

▶ Track 04-09

❶ (もし)雨が降れば、運動会は中止です。

(혹시) 비가 오면 운동회는 중지됩니다.

❷ あなたが行けば、私も行きます。

당신이 가면 나도 갑니다.

❸ 毎週土曜日の午後、天気がよければ、公園でコンサートがあります。

매주 토요일 오후 날씨가 좋으면 공원에서 콘서트가 있습니다.

단어   コンサート 콘서트

❹ '～했더라면 좋았을 텐데'하는 아쉬운 마음을 나타낼 때(뒤에는 과거표현이 옴)

▶ Track 04-10

❶ 飛行機じゃなく、新幹線で行けば、今ごろもう着いていたのになあ。

비행기 말고 신칸센으로 갔더라면 지금쯤 벌써 도착해 있을 텐데.

❷ 学生時代にもっと外国語を勉強していれば、国際会議でも
困らなかったのに。

학창시절에 외국어를 좀더 공부했더라면 국제회의에서도 난처하지 않았을 텐데.

❸ Ⓐ 昨日の映画、とても面白かったんですよ。

　　어제 본 영화 아주 재미있었어요.

　　Ⓑ 私も一緒に行けばよかったですね。 저도 같이 갈 걸 그랬어요.

※ 「と」용법과 같이 문말에 의지, 권유, 의뢰, 명령, 충고, 희망, 과거표현 등이 올 수 없다. 단, 앞에
'형용사, 가능동사, ある, いる' 등의 상태표현이 올 경우에는 예외이다.

▶ Track 04-11

❶ 暑ければ、エアコンをつけてください。 더우면 에어컨을 켜 주세요.

❷ 来月、仕事が忙しくなければ、旅行するつもりです。

다음 달에 일이 바쁘지 않으면 여행을 갈 생각입니다.

❸ 今度の日曜日、天気がよければ、ハイキングに行きましょう。

이번 일요일 날씨가 좋으면 하이킹을 갑시다.

❹ Ⓐ 飲み物いかがですか。 음료수 드실래요?

　　Ⓑ そうですね。ジュースがあれば飲みたいですね。

　　글쎄요. 주스가 있다면 마시고 싶네요.

단어 今ごろ 지금쯤 ｜ 着く 도착하다 ｜ エアコンをつける 에어컨을 켜다 ｜ ハイキング 하이킹 ｜
いかがですか 어떠십니까?

▶ Track 04-12

3 〜たら　~한다면

미래에 어떠한 일이 완료되거나 무엇인가를 했다고 가정할 때 뒷부분이 성립하는 미래완료표현이다.

품사	만드는 법	예
동사	과거형 + ら	買ったら, 書いたら, 待ったら, 見たら, 来たら, 勉強したら
い형용사	과거형 + ら	寒かったら, 高かったら, 忙しかったら, 小さかったら
な형용사	과거형 + ら	暇だったら, 元気だったら, 下手だったら, 不便だったら
명사	과거형 + ら	雨だったら, 休みだったら, 子供だったら

❶ 앞의 일이 성립된다면 뒤의 일이 성립됨을 나타낼 때

❶ 万一雨が降ったら、試合は中止です。

만일 비가 온다면 시합은 중지됩니다.

❷ 明日、暇だったら、ボーリングに行きませんか。

내일 시간되면 볼링 치러 가지 않을래요?

❸ あまり高くなかったら、スカートが買いたいです。

그다지 안 비싸다면 치마가 사고 싶습니다.

❹ いいお店を知っていたら、教えてください。

좋은 가게를 알고 있다면 가르쳐 주세요.

단어 | 万一 만일 ｜ ボーリング 볼링

50

❷ 반드시 앞의 일이 성립되어야 뒤의 일이 성립됨을 나타낼 때

▶ Track 04-13

❶ 5時になったら、帰ります。

5시가 되면 돌아가겠습니다.

❷ 駅に着いたら、電話してください。

역에 도착하면 전화주세요.

❸ お酒を飲んだら、絶対運転してはいけません。

술을 마시면 절대 운전해서는 안 됩니다.

❹ 会議が終わったら、食事に行きましょう。

회의가 끝나면 식사하러 갑시다.

❸ 우연한 발견, 돌발 상황 등 예상치 못한 일이 일어났을 때

▶ Track 04-14

❶ 図書館へ本を返しに行ったら、休みでした。

도서관에 책을 반납하러 갔더니 휴관이었습니다.

❷ 空港に着いたら、友達が迎えに来ていた。

공항에 도착하니 친구가 마중을 나와 있었다.

❸ 電車に乗っていたら、眠くなってきた。

전철을 타고 있으니 잠이 왔다.

❹ デパートで買い物をしていたら、元彼にばったり会った。

백화점에서 쇼핑을 하고 있는데 전 남자친구와 딱 마주쳤다.

단어 眠くなる 졸리다 | 元彼 전 남자친구 | ばったり 딱

❹ **～たらいいですか / ～たらどうですか** ~하면 됩니까? / ~하면 어떨까요?

상대방에게 조언을 구하거나 의견을 말할 때 쓰는 표현이다.

▶ Track 04-15

❶ **迷子になった時は、どうしたらいいですか。**

미아가 되었을 때는 어떻게 하면 됩니까?

❷ Ⓐ **あのう、銀行へはどうやって行ったらいいんでしょうか。**

저, 은행에는 어떻게 가면 될까요?

Ⓑ **ここをまっすぐ行って、次の角を左に曲がったら、右側にありますよ。**

이 길로 똑바로 가서 다음 모퉁이를 왼쪽으로 돌면 오른쪽에 있어요.

❸ **遊んでばかりいないで勉強したらどうですか。**

놀지만 말고 공부하는 게 어때요?

❹ Ⓐ **彼女、パーティーには出席しないと言いました。**

그녀는 파티에 참석하지 않겠다고 했어요.

Ⓑ **もう一度誘ってみたらどうですか。**

다시 한 번 꼬셔보는 게 어때요?

단어 **迷子** 미아 | **まっすぐ** 똑바로 | **角** 모퉁이 | **曲がる** 돌다 | **誘う** 권하다

4 ～なら ~라면

어떤 주제에 대한 자신의 판단, 의견을 말하거나 상대방의 이야기를 듣고 자신의 생각이나 의견을 말할 때 사용한다.

품사	만드는 법	예
동사	기본형 + (の)なら	買うなら, 書くなら, 待つなら, 見るなら, 寝るなら, 来るなら, 勉強するなら
い형용사	기본형 + なら	寒いなら, 高いなら, 忙しいなら, 小さいなら, 長いなら
な형용사	어간 + なら	暇なら, 元気なら, 好きなら, 下手なら, 不便なら
명사	명사 + なら	雨なら, 休みなら, 子供なら

❶ '명사 + なら' : 주제에 대해 말할 때

❶ ビールなら、生ビールが一番です。

맥주라면 생맥주가 최고입니다.

❷ 日本の山なら、やっぱり富士山だ。

일본의 산이라면 역시 후지산이다.

❸ ストレス解消法なら、運動に限る。

스트레스 해소법이라면 운동이 제일이다.

❹ これ要らないなら、私にください。

이거 필요 없으면 저에게 주세요.

단어 ビール 맥주 | 生ビール 생맥주 | やっぱり 역시 | 富士山 후지산 | ～に限る ～이 제일이다 |
要る 필요하다

❷ '조사 + なら' : 앞 사항의 경우라면 뒤의 사항이 성립되는 경우

▶ Track 04-17

❶ あの人となら付き合ってもいい。

저 사람이라면 사귀어도 좋다.

❷ 英語はだめですが、日本語でなら会話ができます。

영어는 못하지만 일본어라면 회화가 가능합니다.

❸ あと一人だけなら入場できます。

한 명만 더 있으면 입장 가능합니다.

❸ 어느 확정된 전제조건에 대해 의견이나 판단 등을 말할 때

▶ Track 04-18

❶ Ⓐ 風邪を引いてしまいまして。

감기에 걸려서요.

Ⓑ 風邪なら早く帰って休んだ方がいいよ。

감기라면 일찍 들어가서 쉬는 게 좋아.

❷ 日本へ行くなら、北海道がいいですよ。

일본에 간다면 홋카이도가 좋아요.

❸ その話なら、もう知っています。

그 이야기라면 이미 알고 있습니다.

❹ Ⓐ ちょっと買い物に行って来る。 쇼핑 좀 다녀올게.

Ⓑ 買い物に行く(の)なら、ついでにお醤油を買って来てください。

쇼핑 가는 거라면 내친김에 간장 좀 사다 주세요.

단어 付き合う 사귀다 | だめだ 못하다 | 醤油 간장

연 습 문 제

🥚① 예시와 같이 빈 칸을 채우세요.

동사	～と	～ば	～たら	～なら
会^あう	会^あうと	会^あえば	会^あったら	会^あうなら
動^{うご}く				
急^{いそ}ぐ				
返^{かえ}す				
待^まつ				
飛^とぶ				
休^{やす}む				
帰^{かえ}る				
捨^すてる				
来^くる				
する				
安^{やす}い				
安全^{あんぜん}だ				
風邪^{か ぜ}				

② 예문과 같이 빈 칸을 채우세요.

> **예**
>
> 薬を 飲む → <u>飲め</u> ば、風邪が 治ります。

① ここを 押す → ＿＿＿＿＿＿＿ と、おつりが 出ます。

② 鍵が ない → ＿＿＿＿＿＿＿ と、入れません。

③ 4月に なる → ＿＿＿＿＿＿＿ ば、暖かくなりますよ。

④ どう する → ＿＿＿＿＿＿＿ ば、いいですか。

⑤ 帰る → ＿＿＿＿＿＿＿ たら、すぐ 寝ます。

⑥ 卒業する → ＿＿＿＿＿＿＿ たら、どうしますか。

⑦ 水曜日はだめですけど、木曜日だ → ＿＿＿＿＿＿＿ なら、空いています。

⑧ Ⓐ 中華料理で、いいお店を 知りませんか。

　　Ⓑ 中華だ → ＿＿＿＿＿＿＿ なら、駅前の「一番」がいいですよ。

단어 治る (병이) 낫다 | おつり 거스름돈 | 鍵 열쇠 | 暖かい 따뜻하다 | 空く 비다

③ 그림을 보고 예문과 같이 빈 칸을 채우세요.

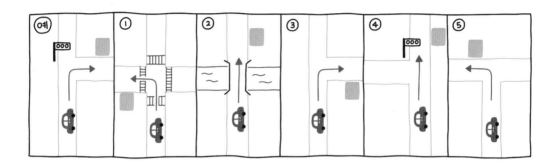

예

あの信号を 右に曲がると 、左にありますよ。

① あの交差点を ＿＿＿＿＿＿＿＿＿ 、左にありますよ。

② あの橋を ＿＿＿＿＿＿＿＿＿ 、右にありますよ。

③ あの角を ＿＿＿＿＿＿＿＿＿ 、右にありますよ。

④ あの信号を ＿＿＿＿＿＿＿＿＿ 、すぐ右にありますよ。

⑤ あの角を ＿＿＿＿＿＿＿＿＿ 、右にありますよ。

단어 信号 신호 ｜ 交差点 교차로 ｜ すぐ 바로

4 일본어로 써 보세요.

1 이 볼륨을 돌리면 소리가 커집니다.

_____ 。

2 전부 더하면 3,500엔이 됩니다.

_____ 。

3 부산역까지 가고 싶습니다만, 어떻게 가면 되나요?

_____ 。

4 일본 라면이라면 역시 돈코츠라면이죠.

_____ 。

5 매일 운동하면 건강해집니다.

_____ 。

단어 ボリューム 볼륨 | 回す 돌리다 | 音 소리

58

스시(寿司) 이야기

「스시(寿司)」는 식초를 뜻하는 「스(寿)」와 밥을 뜻하는 「메시(飯)」의 합성어에서 「메(め)」가 생략되어 만들어진 말이다. 이 '스시'는 소금과 식초, 맛술 등으로 맛을 낸 밥 위에 생선 등을 얹어 만든 것으로, 원래는 생선을 보존하기 위해 고안되었다고 전해진다.

스시의 종류로는 「니기리즈시(握り寿司)」와 「이나리즈시(稲荷寿司)」, 「오시즈시(押し寿司)」, 「치라시즈시(散らし寿司)」 등이 있다. '니기리즈시'는, 초밥 위에 생선이나 해물 등을 얹은 가장 대중적인 스시로, 에도막부 때 도쿄만에서 잡힌 어패류를 사용했다고 하여 「에도마에즈시(江戸前寿司)」라고도 불린다. '이나리즈시'는, 조린 유부에 식초와 설탕 등으로 양념한 밥을 채워 넣은 유부초밥이다. '오시즈시'는, 식초 등으로 양념한 밥을 일정한 모양의 상자에 넣어 재료를 얹은 뒤 눌러 만든 스시를 말한다. 끝으로 '치라시즈시'는, 식초 등으로 양념한 밥을 그릇에 담고 어패류나 채소 등 다양한 재료를 올려 먹는 스시를 말한다.

니기리즈시

오시즈시

이나리즈시

치라시즈시

5과

パクさんも一緒に行こうよ。

박 씨도 함께 갑시다.

▶ Track 05-01

高橋 もうすぐ夏休みですけど、パクさんは何か予定がありますか。

パク いいえ、まだなんですが。高橋さんは？

高橋 私は韓国を旅行しようと思っているんですけど…。

鈴木 僕は、一人で福岡に行くつもりです。

パク へえ、福岡ですか。いいですね。

鈴木 パクさんも一緒に行こうよ。

パク 行きたいんですが、夏休みは勉強するつもりなので…。

高橋さんと鈴木さん、ちゃんと予定を立てて楽しんで来て

ください。

鈴木 仕方がないですね。では、また今度。

해석

다카하시	이제 곧 여름방학입니다만, 박 씨는 뭔가 계획이 있나요?
박	아니요, 아직입니다만. 다카하시 씨는요?
다카하시	저는 한국을 여행하려고 생각 중입니다만.
스즈키	저는 혼자서 후쿠오카에 갈 생각이에요.
박	어머, 후쿠오카요? 좋겠네요.
스즈키	박 씨도 함께 가요.
박	가고는 싶지만 여름방학엔 공부를 할 생각이라서요. 다카하시 씨와 스즈키 씨, 계획 잘 세워서 즐기고 오세요.
스즈키	어쩔 수 없네요. 그럼 다음에 같이 가요.

▶ Track 05-02

□ 予定 よ てい	예정	□ 福岡 ふくおか	후쿠오카
□ 一人で ひとり	혼자서	□ 予定を立てる よ てい た	계획을 세우다
□ 仕方がない し かた	어쩔 수 없다	□ 楽しむ たの	즐기다
□ 連休 れんきゅう	연휴	□ お寿司 す し	초밥
□ 経済 けいざい	경제	□ 冬休み ふゆやす	겨울방학
□ 水泳 すいえい	수영	□ 出張 しゅっちょう	출장
□ 習う なら	배우다	□ 家事 か じ	가사, 집안일
□ 決して けっ	결코	□ 分担 ぶんたん	분담
□ 会議 かい ぎ	회의	□ 引っ越しする ひ こ	이사가다
□ すべて	모두	□ 着る き	입다
□ 急に きゅう	갑자기	□ 色々な いろいろ	여러 가지
□ 制服 せいふく	제복, 교복	□ 全国旅行 ぜんこくりょこう	전국여행
□ 外食 がいしょく	외식	□ 日記をつける にっ き	일기를 쓰다
□ なかなか	좀처럼	□ タバコを吸う す	담배를 피우다
□ 帽子 ぼう し	모자		

1 의지형 ~하자, ~해야지

뭔가를 하겠다는 본인의 의지를 나타내거나 상대방에게 같이 하자고 권유할 때 쓰는 표현이다.

종류	만드는 법	예
1그룹	어미 う단 → お단 + う	買おう, 行こう, 貸そう, 待とう, 呼ぼう, 飲もう, 終わろう
2그룹	어미 る → よう	起きよう, 見よう, 食べよう, 寝よう
3그룹	来る → 来よう する → しよう	来よう 運動しよう, 勉強しよう

▶ Track 05-03

❶ 昼にお寿司を食べに行こう。

점심 때 초밥을 먹으러 가자.

❷ 来週、試験なので今日は勉強しよう。

다음 주 시험이니까 오늘은 공부해야지.

❸ 連休は日本旅行に行って来よう。

연휴에는 일본에 여행 갔다 오자.

❸ Ⓐ ちょっと休まない？

잠깐 쉴까?

Ⓑ うん、休もう。

응, 쉬자.

2 　의지형 + と思う　~하려고 생각하다

어떠한 일을 하겠다는 생각이나 결심을 나타내는 표현이다.

▶ Track 05-04

❶ 今度の日曜日は家で休もうと思います。

이번 일요일은 집에서 쉬려고 합니다.

❷ 私は大学で経済を勉強しようと思います。

저는 대학에서 경제를 공부하려고 합니다.

❸ 今日は疲れたから、早く寝ようと思います。

오늘은 피곤해서 일찍 자려고 합니다.

3 　동사 기본형·ない형 + つもりだ
~할· ~하지 않을 작정(생각)이다

결정된 것은 없지만 그렇게 할 생각이라는 본인의 의지를 나타내는 표현이다.

▶ Track 05-05

❶ 私は来月から水泳を習うつもりです。

저는 다음 달부터 수영을 배울 생각입니다.

❷ 私は続けて日本語を勉強するつもりです。

저는 계속해서 일본어를 공부할 생각입니다.

❸ 体に悪いので、タバコは決して吸わないつもりです。

몸에 안 좋으니까 담배는 절대로 피우지 않을 생각입니다.

❹ 私は冬休みにどこへも行かないつもりです。

저는 겨울방학 때 어디에도 가지 않을 생각입니다.

4　동사 기본형·명사の + 予定だ　~할 예정(계획)이다

정해진 일정이나 스케줄에 대해 말하는 표현이다.

▶ Track 05-06

❶ 飛行機は１１時に着く予定です。비행기는 11시에 도착할 예정입니다.

❷ 出張から来週の金曜日に帰る予定です。
　출장에서 다음 주 금요일에 돌아올 예정입니다.

❸ 旅行は１週間の予定です。여행은 일주일 예정입니다.

❹ 会議は１０時からの予定です。회의는 10시부터 시작될 예정입니다.

5　～ことにする / ～ことにしている
~하기로 하다 / ~하기로 하고 있다

「～ことにする」는 지금 이 순간 결심했다는 표현이며「～ことにしている」는 결심을 하고 나서 현재까지 계속 이행하고 있다는 표현이다.

▶ Track 05-07

❶ 今日はどこへも行かないで勉強することにします。
　오늘은 어디에도 가지 않고 공부하기로 했습니다.

❷ 明日からダイエットすることにします。내일부터 다이어트하기로 했습니다.

❸ 夜はコーヒーを飲まないことにしています。
　밤에는 커피를 마시지 않기로 하고 있습니다.

❹ 家事はすべて分担してやることにしています。
　집안일은 모두 분담해서 하기로 하고 있습니다.

6 ～ことになる / ～ことになっている

~하게 되다 / ~하기로 되어 있다

「～ことになる」는 본인의 의지와는 상관없이 어떠한 일이 결정되었다는 의미이며,「～ことになっている」는 정해져 있는 약속이나 규칙 등을 설명하는 표현이다.

▶ Track 05-08

❶ 仕事で日本に行くことになりました。

일 때문에 일본에 가게 되었습니다.

❷ 急に引っ越しすることになりました。

갑자기 이사를 가게 되었습니다.

❸ 学校に来る時は制服を着ることになっています。

학교에 올 때는 교복을 입기로 되어 있습니다.

❹ 美術館の中では、写真を撮ってはいけないことになっています。

미술관 안에서는 사진을 찍으면 안 되게 되어 있습니다.

연습문제

1 예시와 같이 빈 칸을 채우세요.

동사	의지형	~う[よう]+と思う	~つもりだ	~予定だ
買う	買おう	買おうと思う	買うつもりだ	買う予定だ
歩く				
泳ぐ				
貸す				
持つ				
呼ぶ				
読む				
終わる				
帰る				
知る				
起きる				
食べる				
来る				
する				

② 예문과 같이 빈 칸을 채우세요.

예

A 明日、何をしようと思いますか。(散歩する)

B 公園を 散歩しようと思います。

① **A** 週末に何をしようと思いますか。(行く)

B 家族と外食に＿＿＿＿＿＿＿＿と思います。

② **A** 連休に何をするつもりですか。(デートする)

B 彼女に会って＿＿＿＿＿＿＿＿つもりです。

③ **A** 卒業したら、何をする予定ですか。(留学する)

B 日本に＿＿＿＿＿＿＿＿予定です。

④ **A** 色々な意見が出て、なかなか決まりませんね。(話し合う)

B では、来週もう一度＿＿＿＿＿＿＿＿しましょう。

⑤ **A** これからお茶でも飲みに行きませんか。(会う)

B すみません。今から先生と＿＿＿＿＿＿＿＿なっています。

3 일본어로 써 보세요.

① 다음 달에 결혼할 예정입니다.

_____。

② 내일부터 다이어트를 하려고 합니다.

_____。

③ 여름방학에 자전거로 전국여행을 할 예정입니다.

_____。

④ 머리가 아프기 때문에 아르바이트를 쉴 생각입니다.

_____。

⑤ 실내에서는 모자를 벗게 되어 있습니다.

_____。

⑥ 자기 전에 일기를 쓰고 있습니다.

_____。

단어 帽子を脱ぐ 모자를 벗다

68

덴푸라(天ぷら) 이야기

「덴푸라(天ぷら)」의 어원은 포르투갈어 'tempero(양념, 조미료)'에서 유래되었다.

이 덴푸라는 16세기 대항해시대에 포르투갈 무역선들을 통해 일본으로 전해졌는데, 당시 이베리아 반도의 국가들은 생선과 각종 식재료를 올리브유로 튀기는 요리문화가 발달해 있었다. 기독교가 자리 잡았던 유럽은 종교적인 관습으로 인해 1년에 166일 정도 달걀과 고기의 섭취를 금했는데 생선만은 허용이 되었다. 특히, 안식일에는 요리를 할 수 없었기 때문에 잘 상하지 않는 튀김요리는 미리 튀겨 두었다가 먹기에 적합했다.

원래 에도시대에는 생선을 원재료로 한 튀김만 덴푸라로 불렀고 채소를 튀긴 것은 「쇼진아게(精進揚げ)」라고 했다. 또한 밀가루에 달걀노른자를 입혀 튀긴 것을 「킨푸라(金ぷら)」, 흰자를 사용한 것을 「긴푸라(銀ぷら)」라고 구분하여 불렀지만 현재는 모두 덴푸라로 부른다.

6과

ケーキはパクさんが買って来てくれますよ。

케이크는 박 씨가 사 올 거예요

▶ Track 06-01

イ 町田さんの誕生日プレゼント、森さんは何をあげますか。

森 私は帽子をあげます。イさんは?

イ そうですか。私はどうしましょうか。

あ、ケーキなんかどうですか。

森 ケーキはパクさんが買って来てくれますよ。

そしたら、可愛いアクセサリーはどうですか。

イ それ、いいですね。

じゃ、後で誕生日パーティーで会いましょう。

森 分かりました。じゃ、後で。

해석

이	마치다 씨의 생일선물로 모리 씨는 무엇을 줄 건가요?
모리	저는 모자를 주려고요. 이 씨는요?
이	그래요? 저는 어떻게 하죠?
	아, 케이크 같은 건 어때요?
모리	케이크는 박 씨가 사 올 거예요.
	그럼 귀여운 액세서리는 어때요?
이	그거 좋네요.
	그럼 나중에 생일파티에서 만나요.
모리	알겠습니다. 그럼 그때 봐요.

70

□ 母の日 (はは ひ)	어머니의 날	□ 年金 (ねんきん)	연금
□ 昇進祝い (しょうしんいわい)	승진 축하 선물	□ 先輩 (せんぱい)	선배
□ 海苔 (のり)	김	□ 手作り (てづくり)	수제
□ 辞書 (じしょ)	사전	□ 遊園地 (ゆうえんち)	유원지
□ 日本酒 (にほんしゅ)	일본 술	□ 連れて行く (つ い)	데리고 가다
□ 紹介する (しょうかい)	소개하다	□ 作文 (さくぶん)	작문
□ 直す (なお)	고치다	□ 歌 (うた)	노래
□ 花束 (はなたば)	꽃다발	□ 化粧品 (けしょうひん)	화장품
□ お小遣い (こづか)	용돈	□ 院長 (いんちょう)	원장
□ 助ける (たす)	돕다	□ プレゼント	선물
□ 推薦状 (すいせんじょう)	추천서	□ アクセサリー	액세서리
□ 後で (あと)	나중에	□ ネクタイ	넥타이
□ 社長 (しゃちょう)	사장님	□ Ｙシャツ	와이셔츠
□ 上司 (じょうし)	상사	□ クッキー	쿠키
□ 和菓子 (わがし)	화과자	□ アニメ(ーション)	애니메이션

수수표현

물건이나 행위 등을 주고 받는 표현을 말한다.

1 あげる 주다

상대방에게 뭔가를 준다는 뜻으로, 동식물에게 먹이나 물을 줄 때는「やる」를 쓰기도 한다.「やる」는
남성어로 사용되기도 한다.

あげる(주다)・差し上げる(드리다)	나 ➡ 타인 제3자 ➡ 제3자
주는 사람 + は[が] + 받는 사람 + に + 〜をあげる ※ 받는 사람에 '나(私)'는 올 수 없음	

▶ Track 06-03

❶ 私は友達に本をあげました。

저는 친구에게 책을 주었습니다.

❷ 私は社長にYシャツを差し上げました。

저는 사장님께 와이셔츠를 드렸습니다.

❸ 弟は母の日、母に花をあげました。

남동생은 어머니의 날에 어머니께 꽃을 주었습니다.

❹ 山田さんは上司に昇進祝いのネクタイを差し上げました。

야마다 씨는 상사에게 승진 축하 선물로 넥타이를 드렸습니다.

2 もらう 받다

상대방으로부터 뭔가를 받는다는 뜻으로, 받는 사람 쪽에 초점을 맞춘 표현이다. 주는 사람을 나타내는 조사「に」대신「から」를 사용해도 된다.

もらう(받다)・いただく(받다)	나 ⬅ 타인 제3자 ⬅ 제3자
받는 사람 + は[が] + 주는 사람 + に[から] + ～をもらう ※ 주는 사람에 '나(私)'는 올 수 없음	

▶ Track 06-04

❶ 私は父に時計をもらいました。
나는 아버지한테서 시계를 받았습니다.

❷ 私は山田さんに和菓子をいただきました。
저는 야마다 씨에게서 화과자를 받았습니다.

❸ 森さんはキムさんに韓国の海苔をもらいました。
모리 씨는 김 씨에게서 한국 김을 받았습니다.

❹ 私は国から年金をもらっています。
저는 나라에서 연금을 받고 있습니다.

3 くれる (남이 나에게) 주다

상대방이 나 혹은 나의 가족에게 뭔가를 준다는 표현으로, 제3자가 제3자에게 줄 때는 사용할 수 없다.

※ 단, 'くれる'는 친소(親疎)관계가 적용되는 동사이므로, 나의 가족 외에도 나의 동료나 지인에게 줄 때도 사용 가능

くれる(주다)・くださる(주시다)	타인 ➡ 나 or 나의 가족 제3자 ➡ 제3자 (✕)
주는 사람 + は[が] + 나 or 나의 가족 + に + 〜をくれる ※ 주는 사람에 '나(私)'는 올 수 없음	

▶ Track 06-05

❶ 父は私に時計をくれます。

아버지는 나에게 시계를 줍니다.

❷ 先輩は私に日本語の辞書をくれました。

선배는 나에게 일본어 사전을 주었습니다.

❸ 隣のおばさんは弟に手作りのクッキーをくださいました。

이웃집 아주머니는 남동생에게 수제 쿠키를 주셨습니다.

❹ 上司は私に日本酒をくださいました。

상사는 나에게 일본 술을 주셨습니다.

4 ～てあげる ~해 주다

상대방에게 호의를 베푼다는 뉘앙스를 가지고 있으므로 윗사람 등에게 사용할 때는 주의해야 한다.

～てあげる(~해 주다)·～て差し上げる(~해 드리다)	나 ➡ 타인 제3자 ➡ 제3자
주는 사람 + は[が] + 받는 사람 + に[を] + ～てあげる ※ 받는 사람에 '나(私)'는 올 수 없음	

▶ Track 06-06

❶ 私は妹を遊園地に連れて行ってあげました。

나는 여동생을 유원지에 데려가 주었습니다.

❷ 私は友達にいい本を紹介してあげました。

나는 친구에게 좋은 책을 소개해 주었습니다.

❸ 鈴木さんはアンさんに作文を直してあげました。

스즈키 씨는 안 씨에게 작문을 고쳐 주었습니다.

❹ 鈴木さんはイさんに日本の歌を教えてあげました。

스즈키 씨는 이 씨에게 일본 노래를 가르쳐 주었습니다.

5 ～てもらう ~해 받다

상대방에게 부탁하여 어떤 행위를 해 받는다는 표현으로, 행위를 해 준 사람에게 고마워하는 마음이 담겨 있다.

～てもらう(~해 받다)·～ていただく(~해 받다)	나 ⬅ 타인 제3자 ⬅ 제3자
행위를 받는 사람 + は[が] + 행위를 하는 사람 + に + ～てもらう ※ 행위를 하는 사람에 '나(私)'는 올 수 없음	

▶ Track 06-07

❶ 私は友達に助けてもらいました。

나는 친구에게 도움을 받았습니다.

❷ キムさんは院長先生に推薦状を書いていただきました。

원장 선생님은 김 씨에게 추천서를 써 주셨습니다.

❸ 私は日本人の友達に日本語の作文を直してもらいました。

일본인 친구는 나에게 일본어 작문을 고쳐 주었습니다.

❹ パクさんは山田さんに日本のアニメを見せてもらいました。

야마다 씨는 박 씨에게 일본 애니메이션을 보여 주었습니다.

6 ～てくれる　~해 주다

상대방이 나 혹은 나의 가족에게 어떤 행위를 해 준다는 표현으로, 행위를 해 준 사람에 대해 감사한 마음이 담겨 있다.

※ 단, 'くれる'는 친소(親疎)관계가 적용되는 동사이므로, 나의 가족 외에도 나의 동료나 지인에게 해줄 때도 사용 가능

～てくれる(~해 주다) · ～てくださる(~해 주시다)	타인 ➡ 나 or 나의 가족 제3자 ➡ 제3자 (×)
행위를 하는 사람 + は[が] + 나 or 나의 가족 + を[に] + ～てくれる ※ 행위를 하는 사람에 '나(私)'는 올 수 없음	

▶ Track 06-08

❶ 山田さんは私を1時間も待ってくれました。

야마다 씨는 나를 한 시간이나 기다려 주었습니다.

❷ 先輩は私に傘を貸してくださいました。

선배는 나에게 우산을 빌려 주셨습니다.

❸ 町田さんは私のかばんを持ってくれました。

마치다 씨는 내 가방을 들어 주었습니다.

❹ 親友は妹にケーキを作ってくれました。

친한 친구는 여동생에게 케이크를 만들어 주었습니다.

1 예문과 같이 빈 칸을 채우세요.

> 예
> 私（わたし）⇨ イさん / お土産（みやげ）
>
> 私（わたし）はイさんにお土産（みやげ）をあげました 。

❶ パクさん ⇨ 後輩（こうはい）/ 本（ほん）

_____ 。

❷ 父（ちち）⇨ 母（はは）/ 花束（はなたば）

_____ 。

❸ 私（わたし）⇨ 友達（ともだち）/ 手伝（てつだ）う

_____ 。

❹ 林（はやし）⇨ イさん / 助（たす）ける

_____ 。

단어 お土産（みやげ）(여행가서 사 온) 선물 ｜ 後輩（こうはい）후배

❷ 예문과 같이 빈 칸을 채우세요.

예
せんせい　　おとうと　かさ
先生 ⇨ 弟 / 傘
せんせい　　　おとうと　かさ
先生は弟に傘をくださいました 。

① イさん ⇨ 私 / 化粧品
（わたし け しょうひん）

_____ 。

② 母 ⇨ 妹 / お小遣い
（はは いもうと こ づか）

_____ 。

③ 先生 ⇨ 私たち / 漢字を教える
（せんせい わたし かん じ おし）

_____ 。

④ 先生 ⇨ 私 / 日本語の詩を読む
（せんせい わたし に ほん ご し よ）

_____ 。

예문과 같이 빈 칸을 채우세요.

예
私 ⇦ 友達 / プレゼント

私は友達にプレゼントをもらいました。

❶ 林さん ⇦ イさん / 辞書

_____ 。

❷ イさん ⇦ チェさん / お土産

_____ 。

❸ 私 ⇦ 父 / 褒める

_____ 。

❹ 私 ⇦ 先生 / 漢字を教える

_____ 。

④ 일본어로 써 보세요.

① 작년 생일에 무엇을 받았습니까?

_____。

② 올해 어버이날에 무엇을 드렸습니까?

_____。

③ 생일에 무엇을 받고 싶습니까?

_____。

④ 어머니가 요리를 만들어 보내 주셨습니다.

_____。

⑤ 아버지는 졸업 선물로 시계를 사 주셨습니다.

_____。

⑥ 할아버지는 남동생에게 자전거를 사 주셨습니다.

_____。

7과

日本で地震があったそうです。

일본에서 지진이 있었다고 합니다.

▶ Track 07-01

パク　昨日、日本で地震があったそうですね。

キム　え? 本当ですか 。

先生　ビルの窓ガラスが割れたり、電車や新幹線が止まったりして、
　　　　大変だったようですよ。

キム　そうですか。私は全然知らなかったんです。

パク　怪我した人もいるかもしれませんね。

先生　そうかもしれませんね。

パク　先生のご家族は大丈夫だったんですか。

先生　おかげさまで。でも、物が落ちたりして大変だったらしいです。

パク　気を付けないと。

해석

박	어제 일본에서 지진이 있었다면서요?
김	네? 진짜요?
선생님	빌딩 유리창이 깨지기도 하고 전철이나 신칸센이 멈춰서 난리가 났던 것 같아요.
김	그래요? 저는 전혀 몰랐어요.
박	부상자도 있을지도 모르겠네요.
선생님	그럴지도 모르겠네요.
박	선생님 가족 분들은 괜찮으세요?
선생님	덕분에 괜찮습니다. 그래도 물건이 떨어지거나 해서 큰일 날 뻔 했나 봅니다.
박	조심해야겠어요.

▶ Track 07-02

□ 地震（じしん）	지진	□ 気を付ける（きをつける）	주의하다
□ 割れる（われる）	깨지다	□ 休講（きゅうこう）	휴강
□ 全然（ぜんぜん）	전혀	□ 大学祭（だいがくさい）	대학 축제
□ おかげさまで	덕분에	□ 袋（ふくろ）	봉투
□ 天気予報（てんきよほう）	일기예보	□ 破れる（やぶれる）	찢어지다
□ 噂（うわさ）	소문	□ 程度（ていど）	정도
□ 有名人（ゆうめいじん）	유명인	□ 実験（じっけん）	실험
□ 相変わらず（あいかわらず）	여전히	□ 台風（たいふう）	태풍
□ 成功（せいこう）	성공	□ 席（せき）	좌석
□ 被害（ひがい）	피해	□ 息が合う（いきがあう）	호흡이 맞다
□ 夫婦（ふうふ）	부부	□ 外国（がいこく）	외국
□ 経験（けいけん）	경험	□ 窓ガラス（まどガラス）	유리창
□ 本当（ほんとう）	정말	□ カップル	커플
□ 止まる（とまる）	멈추다	□ ビル	빌딩
□ 怪我する（けがする）	다치다		

전문표현

1 보통형 + そうだ ~라고 한다

외부로부터 들은 내용이나 정보를 전달하는 표현이다. 정보의 근거는「〜によると / 〜では」등으로 나타낸다.

품사	만드는 법	
명사	あめ あめ あめ あめ 雨だ, 雨だった, 雨じゃない, 雨じゃなかった	
い형용사	あつ あつ あつ あつ 暑い, 暑かった, 暑くない, 暑くなかった	+ そうだ
な형용사	しんせつ しんせつ しんせつ しんせつ 親切だ, 親切だった, 親切じゃない, 親切じゃなかった	
동사	く き こ き き 来る, 来た, 来ない, 来なかった, 来ている, 来ていない	

▶ Track 07-03

❶ てんき よほう あした ゆき ふ
天気予報によると、明日は雪が降るそうですよ。

일기예보에 따르면 내일은 눈이 온다고 합니다.

❷ ともだち はなし らいしゅう げつようび きゅうこう
友達の話では、来週の月曜日、休講だそうです。

친구 말에 따르면 다음 주 월요일 휴강이라고 합니다.

❸ ほん からだ
この本によると、コーヒーは体にいいそうです。

이 책에 따르면 커피는 몸에 좋다고 합니다.

❹ うわさ だいがくさい ゆうめいじん く
噂では、大学祭に有名人が来るそうです。

소문에 의하면, 대학 축제에 유명인이 온다고 합니다.

양태표현

1 い형용사 어간 · な형용사 어간 · 동사 ます형 + そうだ

~인 것 같다, ~하게 보인다

시각적으로 보이는 현상이나 겉모습만을 근거로 판단하는 표현이다.

품사	만드는 법	
い형용사	面白, 面白くなさ, おいし, おいしくなさ ※ いい → よさ, よくなさ 　　ない → なさ	+ そうだ
な형용사	元気, 元気ではなさ, きれい, きれいではなさ	
동사	行き, 降り, 食べ ※ 부정형은 뒤에 「そうもない, そうにない」를 붙인다.	

▶ Track 07-04

❶ この映画、面白そうです。

이 영화 재미있을 것 같습니다.

❷ 相変わらず、元気そうですね。

여전히 건강하신 것 같네요.

❸ 雨が降りそうですから、傘を持って行きましょう。

비가 올 것 같으니 우산을 가지고 갑시다.

❹ 袋が破れそうですから、新しいのをください。

봉투가 찢어질 것 같으니 새 것을 주세요.

추측표현

보통형 + **だろう・でしょう** ~일 것이다·~겠지요

어떤 상황에 대해 본인이 가진 정보를 근거로 '아마도 ～일 것이다'라고 추측하는 표현이다. 일기예보에 많이 사용된다.

품사	만드는 법	
명사	雨<ruby>あめ</ruby>, 雨だった, 雨じゃない, 雨じゃなかった	
い형용사	寒い, 寒かった, 寒くない, 寒くなかった	+だろう でしょう
な형용사	親切, 親切だった, 親切じゃない, 親切じゃなかった	
동사	見る, 見た, 見ない, 見なかった, 見ている, 見ていない	

▶ Track 07-05

❶ たぶん明日もきっといい天気だろう。

아마 내일도 분명 날씨가 좋을 것이다.

❷ 恐らくこの程度の漢字なら、誰でも読めるだろう。

적어도 이 정도의 한자라면 누구라도 읽을 수 있을 것이다.

❸ きっと彼も行くでしょう。

분명 그도 갈 거예요.

❹ 今度の実験は成功するでしょう。

이번 실험은 성공할 거예요.

단어 たぶん 아마 | きっと 분명 | 恐らく 적어도

86

2 보통형 + (の)ようだ・みたいだ ~인 것 같다・~인 듯하다

단정할 수는 없지만 지금까지의 경험 등을 근거로 추측하는 표현이다.「みたいだ」는「ようだ」의 회
화체이다.

▶ Track 07-06

❶ 台風で被害が大きくて、大変だったみたいです。

태풍으로 피해가 커서 힘들었던 듯합니다.

❷ あそこの席のカップルは夫婦のようです。

저쪽 자리의 커플은 부부인 듯 합니다.

❸ どうも風邪を引いたみたいです。

아무래도 감기에 걸린 것 같습니다.

❹ どうやら、隣の人は先生のようですね。

아무래도 옆에 있는 사람은 선생님인 것 같아요.

※ まるで + 명사 + のようだ・みたいだ : 마치(꼭) ～같다

▶ Track 07-07

❶ あの人はまるで先生のようですね。

저 사람은 마치 선생님 같아요.

❷ あの人はまるで日本人のようですね。

저 사람은 마치 일본인 같아요.

❸ あの二人は息が合って、まるで夫婦のようですね。

저 두 사람은 호흡이 잘 맞는 것이 꼭 부부 같아요.

단어 どうも 아무래도 ｜ どうやら 아무래도

3 보통형 + らしい ~인 것 같다

객관적인 사실을 근거로 추측하는 표현이다.

품사	만드는 법	
명사	休み, 休みだった, 休みじゃない, 休みじゃなかった	+らしい
い형용사	面白い, 面白かった, 面白くない, 面白くなかった	
な형용사	元気, 元気だった, 元気じゃない, 元気じゃなかった	
동사	書く, 書いた, 書かない, 書かなかった, 書いている, 書いていない	

▶ Track 07-08

❶ 今晩、台風が来るらしいです。 오늘 밤 태풍이 온다고 합니다.

❷ あの映画は面白いらしいですよ。 저 영화는 재미있다고 하던데요.

❸ あの人は日本に留学するらしいです。 저 사람은 일본으로 유학을 간대요.

❹ 彼とはもう仲直りしたらしいです。 그와는 이미 화해한 것 같아요.

※ 명사 + らしい (~답다) : 전형적인 성질이 잘 나타나 있다는 표현이다.

▶ Track 07-09

❶ 最近、お母さんらしくなったわよ。 요즘에 엄마다워졌어.

❷ お宅のお子さんは、元気がよくて子供らしくていいですね。
댁의 자녀분은 건강하고 아이다워서 좋네요.

❸ 秋らしい日が続いていますね。 가을다운 날이 계속되고 있네요.

단어 仲直り 화해 | 秋 가을 | 続く 이어지다, 계속되다

4 보통형 + かもしれない ~일지도 모른다

추측을 나타내는 표현으로 '~일 수도 아닐 수도 있다'라는 표현이다.

품사	만드는 법	
명사	先生, 先生だった, 先生じゃない, 先生じゃなかった	+ かもしれない
い형용사	暑い, 暑かった, 暑くない, 暑くなかった	
な형용사	親切, 親切だった, 親切じゃない, 親切じゃなかった	
동사	来る, 来た, 来ない, 来なかった, 来ている, 来ていない	

▶ Track 07-10

❶ もしかすると、この財布、キムさんのかもしれません。

어쩌면 이 지갑, 김 씨의 것일지도 모릅니다.

❷ 山の方は、朝、寒いかもしれません。セーターを持って行った方がいいですよ。

산 쪽은 아침에 추울지도 몰라요. 스웨터를 가져가는 게 좋아요.

❸ 一人で外国へ行くのは、ちょっと不安かもしれませんが、いい経験になりますよ。

혼자 외국에 가는 것은 조금 불안할지도 모르지만 좋은 경험이 될 거예요.

❹ 誰も来ませんね。もしかしたら、時間を間違えたかもしれません。

아무도 안 오네요. 어쩌면 시간을 착각했을지도 모릅니다.

단어 もしかすると 어쩌면 | もしかしたら 어쩌면 | 間違える 착각하다

5 보통형 + はずだ　틀림없이 ~일 것이다

객관적인 사실을 근거로 '틀림없이 ~일 것이다'라는 확신에 가까운 추측표현이다.

품사	만드는 법	
명사	試験の, 試験だった, 試験じゃない, 試験じゃなかった	
い형용사	暑い, 暑かった, 暑くない, 暑くなかった	+ はずだ
な형용사	便利な, 便利だった, 便利じゃない, 便利じゃなかった	
동사	食べる, 食べた, 食べない, 食べなかった, 食べている, 食べていない	

▶ Track 07-11

❶ 勉強したから、テストは易しいはずです。

공부했으니까 시험은 분명 쉬울 것입니다.

❷ あのホテルは去年建てましたから、部屋は綺麗なはずです。

저 호텔은 작년에 지었으니 방은 분명 깨끗할 겁니다.

❸ Ⓐ キムさんがいませんね。来ないんでしょうか。

김 씨가 없네요. 안 오는 걸까요?

Ⓑ 昨日、パーティーを楽しみにしていると言っていたから、来る
　 はずですよ。

어제 파티를 기대하고 있다고 했으니까 분명 올 거예요.

❹ イさんは今勉強のために日本にいるから、韓国にいるはずが
　 ありません。

이 씨는 지금 공부 때문에 일본에 있으므로, 한국에 있을 리가 없습니다.

단어　ホテル 호텔

연습문제

1 예문과 같이 빈 칸을 채우세요.

> **예**
> 先生 → あの人が日本語の 先生だそうです 。

① 会社員 → 彼は_____。

② 真面目だ → あの学生は_____。

③ 寒い → 日本の北海道の_____。

④ 降る → 午後から雨が_____。

단어 冬 겨울

2 예문과 같이 빈 칸을 채우세요.

예
美味しい → 美味しそうな ケーキですね。

① 暇だ → 父は＿＿＿＿＿＿＿＿＿＿＿＿週末を過ごしています。

② 時間がない → 忙しくて休める＿＿＿＿＿＿＿＿＿＿＿＿。

③ 降る → 今にも雨が＿＿＿＿＿＿＿＿＿＿＿。

④ 気持ちいい → 赤ちゃんが＿＿＿＿＿＿＿＿＿＿＿＿寝ています。

단어 今にも 당장이라도 ｜ 赤ちゃん 아기

❸ 예문과 같이 빈 칸을 채우세요.

> **예**
>
> 降る → 夜に雨が <u>降るらしいです</u>。

❶ 夏休み → 息子は明日から _____。

❷ 綺麗だ → あの店の中は見た目より _____。

❸ 来る → 明日プサンに有名な芸能人が_____。

❹ 涼しい → 北海道の夏は_____。

단어 見た目 겉보기

④ 예문과 같이 빈 칸을 채우세요.

> **예**
> 夢　→　まるで <u>夢のようです・夢みたいです</u> 。

① 日本人　→　まるで _____ 話しています。

② 止む(과거)　→　雨が _____ 。

③ いい(부정)　→　体調があまり _____ 。

④ 静かだ　→　あの図書館が一番 _____ 。

단어　まるで 마치 ｜ 止む (비가) 그치다

5 일본어로 써 보세요.

① 소문에 의하면 그는 유명인이 되었다고 합니다.

_____ 。

② 그의 이야기에 따르면 다나카 씨가 다쳤다고 합니다.

_____ 。

③ 그녀는 건강하지 않아 보여요.

_____ 。

④ 죄송하지만, 내일 파티에는 못 갈 것 같아요.

_____ 。

⑤ 저 그림은 마치 사진 같아요.

_____ 。

⑥ 그는 요즘 바빠서 오늘 참석 못 할지도 모릅니다.

_____ 。

⑦ 그는 열심히 공부했으니까 불합격했을 리가 없습니다.

_____ 。

단어　不合格 불합격

8과

負けるな、頑張れ！

지지 마, 힘내!

▶ Track 08-01

キム どちらが勝っているんですか。

佐藤 同点です。

キム 同点なら、大丈夫。負けるな～。頑張れ～。

佐藤 日本チームも頑張って～。

キム やった～。一点入った～。

佐藤 ダメ～！入るな～!!

キム 頑張れ～。ファイト～。やった～ 勝った～!!

佐藤 残念だけど、すごくいい試合でしたね。

キム そうですね。日本チームもよくやったのに…。

佐藤 次は日本チームもぜひ頑張ってほしいですね。

해석

김	어디가 이기고 있나요?
사토	동점입니다.
김	동점이면 괜찮네요. 지지 마~. 힘내~.
사토	일본 팀도 힘내라~.
김	앗싸~. 한 점 들어갔다~.
사토	안 돼~! 들어가지 마~!!
김	힘내라~. 파이팅~. 앗싸~ 이겼다~!!
사토	아쉽지만 굉장히 좋은 경기였어요.
김	맞아요. 일본 팀 잘했는데…….
사토	다음에는 일본 팀도 꼭 이겼으면 좋겠네요.

▶ Track 08-02

□ 勝^かつ　이기다　　□ 土足^{どそく}　흙 묻은 발

□ 同点^{どうてん}　동점　　□ 騒^{さわ}ぐ　떠들다

□ すごい　대단하다, 굉장하다　　□ いい加減^{かげん}　적당함

□ 試合^{しあい}　시합　　□ さっさと　빨랑빨랑

□ 体育館^{たいいくかん}　체육관　　□ 正直^{しょうじき}　정직

□ 人前^{ひとまえ}　남 앞　　□ 丁寧^{ていねい}に　정성껏

□ たっぷり　듬뿍, 충분히　　□ 参照^{さんしょう}　참고

□ 急^{いそ}ぐ　서두르다　　□ 駐車^{ちゅうしゃ}　주차

□ 触^{さわ}る　만지다　　□ 詳^{くわ}しく　상세한 것

□ 通行^{つうこう}　통행　　□ 歯磨^{はみが}き　양치질

□ 支度^{したく}　채비, 준비　　□ ファイト　파이팅

□ 負^まける　지다　　□ ホームページ　홈페이지

□ 宿題^{しゅくだい}　숙제　　□ チーム　팀

□ 提出^{ていしゅつ}　제출　　□ カンニング　커닝

1 동사 명령형   ~해, ~해라

긴급한 상황이나 교통 표지판 등에 사용한다.

종류	만드는 법	예
1그룹	어미 う단 → え단	買え, 行け, 泳げ, 話せ, 立て, 死ね 飲め, 乗れ
2그룹	어미 る → ろ	起きろ, 食べろ, 見ろ
3그룹	来る → 来い する → しろ	来い 運動しろ

▶ Track 08-03

❶ 早く起きろ。
빨리 일어나!

❷ こっち来い。
이리 와!

❸ 危ないから止まれ。
위험하니까 멈춰!

❹ 明日家へ来い。
내일 집으로 와!

2 동사 ます형 + なさい ~해, ~하거라

주로 부모가 자녀에게, 혹은 교사가 학생에게 사용한다.

▶ Track 08-04

❶ 早く起きなさい。 일찍 일어나거라.

❷ 勉強しなさい。 공부해라.

❸ 綺麗に掃除しなさい。 깨끗하게 청소해라.

❹ 宿題を出しなさい。 숙제를 내라.

3 동사 기본형 / ない형 + こと ~할 것 / ~하지 말 것

명령이나 규칙, 혹은 지시사항 등을 나타내는 표현이다.

▶ Track 08-05

❶ 休む時は必ず学校に連絡すること。

결석할 때는 반드시 학교에 연락할 것.

❷ レポートは、10日までに提出すること。

리포트는 10일까지 제출할 것.

❸ 体育館には土足で入らないこと。

체육관에는 흙이 묻은 발로 들어가지 말 것.

❹ 交通ルールを守ること。

교통 규칙을 지킬 것.

4 동사 기본형 + な ~하지 마(라)

금지 명령 표현으로, 하지 말 것을 강하게 전달하는 표현이며, 응원을 할 때 사용하기도 한다.

▶ Track 08-06

❶ 電車の中で騒ぐな(よ)。 전철 안에서 떠들지 마라.

❷ エレベーターを使うな(よ)。 엘리베이터를 사용하지 마.

❸ 負けるな(よ)。 지지 마라.

❹ あまり飲むな(よ)。 너무 마시지 마.

5 동사 て형 ~해

「〜てください」의 반말표현이다.

▶ Track 08-07

❶ もう時間だから、急いで(よ)。
시간이 다 됐으니 서둘러.

❷ ちょっと待って(よ)。
잠깐 기다려.

❸ いい加減にして(よ)。
적당히 해.

❹ 人前でそんなこと言うのは止めて(よ)。
남들 앞에서 그런 말 좀 하지 마.

1 예문과 같이 빈 칸을 채우세요.

> **예**
> 起きる → 早く 起きろ！

① 帰る → さっさと _____！

② 言う → 正直に _____！

③ 待つ → ちょっと _____！

④ 来る → １１時までに _____！

⑤ 急ぐ → 時間がないから _____！

⑥ 勉強する → _____！

2 그림을 보고 예문과 같이 써 보세요.

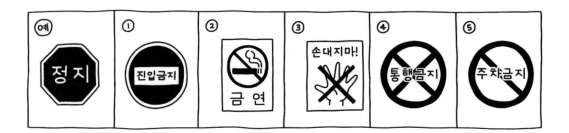

예
これは「止まれ」という意味です。

① _____ 。

② _____ 。

③ _____ 。

④ _____ 。

⑤ _____ 。

③ 예문과 같이 빈 칸을 채우세요.

예

> カンニングは絶対にしません。
>
> → <u>カンニングは絶対にしないこと</u> 。

① 電車の中では騒ぎません。

→ _____ 。

② 部屋を出る時は必ず電気を消します。

→ _____ 。

③ 答えは丁寧に書きます。

→ _____ 。

④ 詳しくはホームページを参照します。

→ _____ 。

4 일본어로 써 보세요.

① 텔레비전만 보고 있지 말고 빨리 먹어라.

_____ 。

② 채소도 충분히 먹어라. (て형)

_____ 。

③ 자기 전에 양치질을 할 것.

_____ 。

④ 빨리 샤워하고 내일 학교 갈 준비도 해.

_____ 。

⑤ 여기에 차를 세우지 마!

_____ 。

가라아게(から揚げ) 이야기

「가라아게(から揚げ)」란, 식재료에 튀김옷을 입히지 않고 고온의 기름에 튀기는 요리를 말하는 것으로, 튀김요리의 한 종류이다. 간장, 정종, 생강즙 등으로 밑간을 하며 밀가루나 전분만 얇게 뿌려서 튀긴다.

요즘 '가라아게'라고 하면 닭고기 튀김을 말하는 경우가 많지만 본래 식재료는 중요하지 않다. 한자로는 「唐揚げ」 또는 「空揚げ」 등으로 표기하는데, 역사적으로 보면 「唐揚げ」가 먼저 표기되었다. 나라시대 때 견당사(일본에서 중국 당나라에 파견하는 사신)를 통해 음식을 튀기는 기법이 전해졌고, 에도시대 후기부터 메이지시대에 걸쳐 일반적으로 「唐揚げ」로 표기되기 시작했다고 한다. 그래서 「唐(당)」의 한자를 사용하여 중화요리 중 하나로 소개되는 경우도 많았고, 튀김옷을 입히지 않고 밀가루와 전분만을 사용했다고 하여 '비어있는(空) 튀김'이라는 뜻의 「空揚げ」로 표기되기도 했다. 2019년 이후의 신문에서는 대부분 '가라아게'의 표기를 「空揚げ」로 통일하여 사용하고 있지만, 아사히신문에서는 「から揚げ」 또는 「空揚げ」로 표기하고 있다.

9과

昨日は散々な一日でした。
<small>きのう　　さんざん　　いちにち</small>

어제는 아주 엉망인 하루였습니다.

▶ Track 09-01

橋本 <small>はしもと</small>　昨日は朝5時頃、間違い電話で起こされました。

それから満員電車の中で女の人に足を踏まれました。

それにシャツに口紅もつけられて、後で、友達に笑われました。

田中 <small>たなか</small>　そうですか。私も昨日、一生懸命書いたレポートを家に忘れて

来て、先生に怒られました。

夜は家に帰る途中、誰かに財布をすられました。

その上、隣の部屋の人に騒がれて全然眠れませんでした。

橋本 <small>はしもと</small>　昨日は二人とも散々な一日でしたね。

田中 <small>たなか</small>　笑っちゃいますね。

해석

하시모토 어제는 아침 5시 쯤 잘못 걸려온 전화에 잠을 깼습니다. 그러고 나서 만원 전철에서 여자한테 발을 밟혔습니다. 게다가 셔츠에 립스틱도 묻어서 나중에 친구에게 웃음거리가 되었습니다.

다나카 그래요? 저도 어제 열심히 쓴 리포트를 집에 두고 와서 선생님께 혼났습니다. 밤에는 집에 가는 도중 누군가에게 지갑을 소매치기 당했습니다. 게다가 옆 방 사람이 떠들어서 전혀 잠을 잘 수 없었어요.

하시모토 어제는 둘 다 아주 엉망인 하루였네요.

다나카 웃음만 나오네요.

□ 散々だ (さんざん)	아주 엉망이다	□ 間違い電話 (まちが でんわ)	잘못 걸려온 전화
□ 満員電車 (まんいんでんしゃ)	만원 전철	□ 口紅 (くちべに)	립스틱
□ 後で (あと)	나중에	□ 途中 (とちゅう)	도중에
□ すJられJる	소매치기 당하다	□ 二人とも (ふたり)	두 사람 모두
□ 全然 (ぜんぜん)	전혀	□ 踏む (ふ)	밟다
□ 一日 (いちにち)	하루	□ 盗む (ぬす)	훔치다
□ 噛む (か)	물다, 씹다	□ 夕べ (ゆう)	어젯밤
□ 泥棒 (どろぼう)	도둑	□ 開催 (かいさい)	개최
□ 濡れる (ぬ)	젖다	□ 出版 (しゅっぱん)	출판
□ 眠る (ねむ)	잠들다	□ 叱る (しか)	꾸짖다
□ 迷惑 (めいわく)	민폐	□ 褒める (ほ)	칭찬하다
□ 泣く (な)	울다	□ 捨てる (す)	버리다
□ 愛される (あい)	사랑받다	□ 腹が立つ (はら た)	화가 나다
□ 頼む (たの)	부탁하다	□ オリンピック	올림픽
□ 汚す (よご)	더럽히다	□ マグロ	참치

1 수동표현 ~되다, ~받다, ~당하다

종류	만드는 법	예
1그룹	어미 う단 → あ단 + れる	行かれる, 飲まれる 読まれる, 取られる
2그룹	어미 る → られる	見られる, 食べられる
3그룹	来る → 来られる する → される	来られる 運動される

❶ 직접수동

자의가 아닌 타의로 인해 일어나는 일을, 당하는 사람의 입장에서 표현할 때 사용한다.

▶ Track 09-03

❶ 父は私を褒めた。

아빠는 나를 칭찬하였다.

→ 私は父に褒められた。

나는 아빠에게 칭찬받았다.

❷ 母は私を朝早く起こした。

엄마는 나를 아침 일찍 깨웠다.

→ 私は母に朝早く起こされた。

나는 엄마에 의해 아침 일찍 일어났다.

❸ 犬が子供を噛んだ。

개가 아이를 물었다.

→ 子供は犬に噛まれた。

아이는 개에게 물렸다.

❷ 소유물의 수동

신체의 일부분이나 소유물에 어떤 행위가 가해져서 소유자가 불쾌함을 느끼는 경우 사용한다.

▶ Track 09-04

❶ 弟が私のお菓子を食べた。 남동생이 내 과자를 먹었다.

→ 私は弟にお菓子を食べられた。 나는 남동생에게 과자를 뺏겼다.

❷ 電車の中で男の人が私の足を踏んだ。

전철 안에서 남자가 내 발을 밟았다.

→ 電車の中で男の人に足を踏まれた。

전철 안에서 남자에게 발을 밟혔다.

❸ 泥棒が私の財布を盗んだ。 도둑이 내 지갑을 훔쳤다.

→ 私は泥棒に財布を盗まれた。 나는 도둑에게 지갑을 도둑맞았다.

❸ 간접수동

어떠한 일로 인해 간접적인 영향을 받았을 때 쓰며, 그 일이 '달갑지 않다, 싫다'라는 느낌의 표현으로 '피해의 수동'이라고도 한다.

▶ Track 09-05

❶ 友達に遊びに来られて勉強できなかった。

친구가 놀러 와서 공부를 못 했다.

❷ 雨に降られて濡れてしまった。

비를 맞아서 젖어버렸다.

❸ 夕べ、隣の赤ちゃんに泣かれて眠れなかった。

어젯밤 옆집 아기가 울어서 잠을 못 잤다.

❹ 기타

사물이 주어인 경우나 일반적인 사실을 나타내는 경우에 사용된다.

▶ Track 09-06

❶ １９８８年にソウルでオリンピックが開催された。

1988년에 서울에서 올림픽이 개최되었다.

❷ この建物は１６００年代に建てられた。

이 건물은 1600년대에 지어졌다.

❸ アニメーションは世界の人に愛されている。

애니메이션은 세계인들에게 사랑받고 있다.

❹ この本は世界の人に読まれている。

이 책은 세계인들에게 읽히고 있다.

연 습 문 제

1 예시와 같이 빈 칸을 채우세요.

동사	수동형	동사	수동형
<ruby>歌<rt>うた</rt></ruby>う	<ruby>歌<rt>うた</rt></ruby>われる	<ruby>呼<rt>よ</rt></ruby>ぶ	
<ruby>会<rt>あ</rt></ruby>う		<ruby>作<rt>つく</rt></ruby>る	
<ruby>聞<rt>き</rt></ruby>く		<ruby>見<rt>み</rt></ruby>る	
<ruby>歩<rt>ある</rt></ruby>く		<ruby>叱<rt>しか</rt></ruby>る	
<ruby>泳<rt>およ</rt></ruby>ぐ		<ruby>食<rt>た</rt></ruby>べる	
<ruby>押<rt>お</rt></ruby>す		<ruby>褒<rt>ほ</rt></ruby>める	
<ruby>返<rt>かえ</rt></ruby>す		<ruby>入<rt>はい</rt></ruby>る	
<ruby>持<rt>も</rt></ruby>つ		<ruby>切<rt>き</rt></ruby>る	
<ruby>待<rt>ま</rt></ruby>つ		<ruby>来<rt>く</rt></ruby>る	
<ruby>読<rt>よ</rt></ruby>む		<ruby>買<rt>か</rt></ruby>い<ruby>物<rt>もの</rt></ruby>する	
<ruby>飲<rt>の</rt></ruby>む		<ruby>開発<rt>かいはつ</rt></ruby>する	

2 예문과 같이 빈 칸을 채우세요.

> 예
> 先生は私を褒めました。 → 私は先生に褒められました 。

① 上司は私に仕事を頼みました。

→ ＿＿＿＿＿＿＿＿＿＿＿＿＿＿＿＿＿＿＿＿＿＿ 。

② 姉が私の大事な物を捨てました。

→ ＿＿＿＿＿＿＿＿＿＿＿＿＿＿＿＿＿＿＿＿＿＿ 。

③ 妹が私のシャツを汚しました。

→ ＿＿＿＿＿＿＿＿＿＿＿＿＿＿＿＿＿＿＿＿＿＿ 。

④ 友達が先に行って、腹が立ちました。

→ ＿＿＿＿＿＿＿＿＿＿＿＿＿＿＿＿＿＿＿＿＿＿ 。

⑤ 出かけようとした時、お隣さんが来て、迷惑でした。

→ ＿＿＿＿＿＿＿＿＿＿＿＿＿＿＿＿＿＿＿＿＿＿ 。

③ 예문과 같이 빈 칸을 채우세요.

예

来月、ここで国際会議を開きます。

→ 来月、ここで国際会議が開かれます 。

① 日本ではマグロをよく食べています。

→ _____ 。

② この漫画は主に大人達が読んでいます。

→ _____ 。

③ 千年前にこの建物を建てました。

→ _____ 。

④ K-Popは世界中の人が愛しています。

→ _____ 。

⑤ 世界中でこの本を出版しています。

→ _____ 。

단어 漫画 만화 | 主に 주로 | 大人 성인 | K-Pop 케이팝 | 世界中 전 세계

④ 일본어로 써 보세요.

① 어머니가 나의 편지를 읽었습니다.

_____°

② 쇼핑 도중에 소매치기를 당했습니다.

_____°

③ 2021년에 도쿄 올림픽이 개최되었습니다.

_____°

④ 어제는 갑자기 비가 내려서 힘들었습니다.

_____°

⑤ 회식자리에서 술 취한 사람이 시비를 걸어서 곤란했습니다.

_____°

단어   すられる 소매치기를 당하다 | 酔っ払いが絡む 술주정꾼이 시비를 걸다

114

일본의 온천(温泉) 이야기

일본은 국토의 70%가 삼림이고 사면이 바다로 둘러싸여 있으며, 전국적으로 화산 지역이 많아 약 2천 여 개의 온천이 널리 분포되어 있다. 온천수의 온도는 43도 이상인 고온천(高温泉)이 많다. 온천법에 의하면, 천원(泉源)의 온도가 25도 이상이거나, 온천의 용해 물질 한계값에 표시된 특정 물질 중 한 종류 이상을 규정량 이상 함유하는 물을 온천으로 규정하고 있다.

일본의 3대 온천으로는 고베의 「아리마 온천(有馬温泉)」, 기이의 「시라하마 온천(白浜温泉)」, 마쓰야마의 「도고 온천(道後温泉)」을 꼽을 수 있다.

온천여관의 대중탕에서는 일정 시간마다 남탕과 여탕이 바뀌는 곳이 있다. 탕 앞의 「노렌(のれん)」을 바꾸어 걸어 표시를 하기 때문에 확인을 하고 들어갈 필요가 있다.

아리마 온천

도고 온천

10과

買い物に行かせます。

物건을 사러 보냅니다.

▶ Track 10-01

高橋　キムさんは週末どこかへ行きましたか。

キム　ええ。久しぶりにデパートへ買い物に行ったんですけど、
途中で雨に降られて大変でした。仕方なく、弟に傘を買いに
行かせたんですが、売り切れで…。

高橋　ああ、昨日の雨、ひどかったよね。

キム　ええ、それから知らないおばさんに、突然、道を聞かれて
困ったんです。ところで高橋さんは週末、何してたんですか。

高橋　母に家事を手伝わされました。

キム　高橋さんも大変だったんですね。

해석

다카하시　김 씨는 주말에 어딘가에 갔었습니까?

김　네, 간만에 백화점에 쇼핑을 하러 갔습니다만, 도중에
비를 맞아서 고생했습니다. 할 수 없이 남동생에게 우
산을 사러 보냈는데 다 팔려서…….

다카하시　아~ 어제 비가 엄청났었죠.

김　네, 그리고 모르는 아주머니가 갑자기 길을 물으셔서
난처했네요. 그런데 다카하시 씨는 주말에 무엇을 했
나요?

다카하시　어머니를 도와 집안일을 했어요.

김　다카하시 씨도 고생했네요.

□ 久しぶりに	오랜만에	□ 部下	부하
□ ひどい	심하다	□ 部長	부장(님)
□ 手伝う	돕다, 거들다	□ 冗談を言う	농담을 하다
□ ご馳走になる	대접받다	□ 申し訳ない	죄송하다
□ 冗談	농담	□ 薬を飲む	약을 먹다
□ 患者	환자	□ お酒を止める	술을 끊다
□ お使い	심부름	□ 喜ぶ	기뻐하다
□ 若い	젊다	□ 早めに	일찌감치
□ お医者さん	의사 선생님	□ 消す	지우다
□ 売り切れ	매진, 품절	□ カーネーション	카네이션
□ 突然	갑자기	□ コピー機	복사기

1 사역표현 ~을 하게 하다, ~을 시키다

윗사람이 아랫사람에게 어떤 행위를 강제로 시키거나, 아랫사람의 행위를 용인하거나 방치하는 표현이다.

종류	만드는 법	예
1그룹	어미 う단 → あ단 + せる	手伝^{てつだ}わせる, 行^いかせる 待^またせる, 飲^のませる
2그룹	어미 る → させる	着^きさせる, 食^たべさせる
3그룹	来^くる → 来^こさせる する → させる	来^こさせる 運動^{うんどう}させる, 勉強^{べんきょう}させる

❶ 자동사의 경우

명령하는 사람 + は[が] + 명령의 대상 + を + ～せる[させる]

▶ Track 10-03

❶ 母^{はは}は弟^{おとうと}をお使^{つか}いに行^いかせました。

엄마는 남동생을 심부름 보냈습니다.

❷ 先生^{せんせい}は学生^{がくせい}を日曜日^{にちようび}も学校^{がっこう}へ来^こさせました。

선생님은 학생을 일요일에도 학교에 오게 했습니다.

❸ 上司^{じょうし}は部下^{ぶか}を本社^{ほんしゃ}へ行^いかせました。

상사는 부하를 본사에 보냈습니다.

❷ 타동사의 경우

명령하는 사람 + は[が] + 명령의 대상 + に + ～を～せる[させる]

▶ Track 10-04

❶ 母は弟に掃除をさせました。

엄마는 남동생에게 청소를 시켰습니다.

❷ 父は私に運動(を)させました。

아빠는 나에게 운동을 시켰습니다.

❸ 上司は部下に仕事を手伝わせました。

상사는 부하에게 업무를 돕게 했습니다.

❸ 자동사이지만 허가나 허락의 경우

명령의 대상을「に」로 나타낸다.

▶ Track 10-05

❶ 子供に公園で遊ばせます。

아이를 공원에서 놀게 합니다.

❷ 私は子供に一日に1時間だけゲームをさせています。

저는 아이에게 하루에 한 시간만 게임을 시키고 있습니다.

**❸ フランスへ料理の勉強に行きたがっている息子に、フランスへ
行かせることにした。**

프랑스에 요리공부를 하러 가고 싶어하는 아들을 프랑스에 보내기로 했다.

❹ 유발표현

의도치 않은 일로 어떠한 행동을 하게 되는 경우에 쓴다. 「泣く, 笑う, 怒る, 心配する, 安心する」처럼 감정을 나타내는 동사가 주로 사용된다.

▶ Track 10-06

❶ 彼はいつも冗談を言って皆を笑わせます。

그는 언제나 농담을 해서 모두를 웃게 합니다.

❷ 子供は母の日に、カーネーションをプレゼントしてお母さんを喜ばせました。

아이는 어머니의 날에 카네이션을 선물하여 어머니를 기쁘게 했습니다.

❸ 私は若い時、夜遅くまで遊んでいて、両親を心配させました。

저는 젊은 시절 밤늦게까지 놀아서 부모님을 걱정시켰습니다.

❺ 〜(さ)せてください・いただく 〜하게 해 주세요

허락을 요구하는 정중한 표현이다.

▶ Track 10-07

❶ 申し訳ありませんが、今日は少し早めに帰らせてください。

죄송합니다만. 오늘은 좀 일찍 퇴근하게 해 주세요.

❷ いつもご馳走になってばかりですので、ここは私に払わせてください。

늘 얻어먹기만 했으니 여기는 제가 계산하게 해 주세요.

❸ Ⓐ すみません。このコピー機、使わせていただけませんか。

실례합니다. 이 복사기 사용해도 되겠습니까?

Ⓑ いいですよ。どうぞ。

좋습니다. 쓰세요.

2 사역수동 ~하게 함을 당하다

본인의 의지와는 상관없이 하고 싶지 않지만 어쩔 수 없이 하게 되거나 하게 되었다는 표현이다.

종류	만드는 법	예
1그룹	어미 う단 → あ단 + せられる	行かせられる, 飲ませられる 読ませられる, 待たせられる
	[축약형] 어미 う단 → あ단 + される 단, 어미가 す인 동사는 예외	行かされる, 飲まされる 読まされる, 走らされる 話す → 話さされる(✕) 話させられる(〇)
2그룹	어미 る → させられる	見させられる 食べさせられる
3그룹	来る → 来させられる する → させられる	来させられる 運動させられる

▶ Track 10-08

❶ 母は私に掃除をさせました。 엄마는 나에게 청소를 시켰습니다.

→ 私は母に掃除をさせられました。

나는 (엄마가 시켜서 어쩔 수 없이) 청소를 하였습니다.

❷ 母は私に毎日野菜を食べさせます。 엄마는 나에게 매일 채소를 먹게 합니다.

→ 私は母に毎日野菜を食べさせられます。

나는 (엄마가 먹게 해서 어쩔 수 없이) 매일 야채를 먹습니다.

❸ 私は歌が下手なのに、みんなに歌を歌わされました。

나는 노래를 잘 못하는데 (모두가 노래를 시켜서 어쩔 수 없이) 노래를 불렀습니다.

예시와 같이 빈 칸을 채우세요.

동사	사역형	사역수동형
歌う	歌わせる	歌わされる
聞く		
泳ぐ		
押す		
持つ		
飲む		
呼ぶ		
作る		
叱る		
褒める		
入る		
来る		
開発する		

② 예문과 같이 빈 칸을 채우세요.

예
息子はお使いに行きました。

→ 私は息子をお使いに行かせました 。

① 弟は駅まで迎えに来ました。

→ 私は _____ 。

② 田中さんはアメリカに出張します。

→ 部長は _____ 。

③ 娘は日本に留学しました。

→ 私は _____ 。

④ 祖母は薬を飲みました。

→ 母は _____ 。

⑤ 姉はやりたいことをやりました。

→ 父は _____ 。

예
私は歌が下手です。みんなは私に歌を歌わせました。
→ 私は歌が下手なのに、みんなに歌を歌わされました 。

① 昨日、病院へ行きました。患者が多くて、１時間ぐらい待たせました。

→ 私は_____。

② 私はお酒が好きです。お医者さんはお酒を止めさせました。

→ 私は_____。

③ 私はテレビをもっと見ていたかったです。母はテレビを消させました。

→ 私は_____。

④ 先に帰りたかったです。上司は付き合わせました。

→ 私は_____。

4 일본어로 써 보세요.

① 아버지는 나에게 심부름을 보냈습니다.

_____ 。

② 어머니는 나에게 집안일을 돕게 합니다.

_____ 。

③ 선배는 나에게 운전을 시켰습니다.

_____ 。

④ 선생님은 나에게 매일 한자를 외우게 했습니다. (사역수동)

_____ 。

⑤ 어렸을 때, 어머니는 나에게 싫어하는 우유를 마시게 했습니다. (사역수동)

_____ 。

11 과

ご予約をなさいましたか。

예약을 하셨습니까?

▶ Track 11-01

従業員	いらっしゃいませ。
パク	あのう、チェックインお願いします。
従業員	はい。ご予約はなさいましたか。
パク	はい。パクと言います。
従業員	はい。少々お待ちください。
	パク様、シングルルーム2泊のご宿泊でよろしいでしょうか。
パク	はい。そうです。
従業員	では、こちらにお名前と連絡先のご記入をお願い致します。
パク	はい、分かりました。これでいいですか。
従業員	はい、ありがとうございます。
	それでは、ごゆっくりお過ごしくださいませ。

해석

종업원 어서 오세요.
박　　 저기, 체크인 부탁합니다.
종업원 네. 예약은 하셨습니까?
박　　 네, 박이라고 합니다.
종업원 네, 잠시만 기다려 주세요. 박 님, 싱글 룸 2박 맞으실까요?
박　　 네, 맞습니다.
종업원 그럼 여기에 성함과 연락처를 기입해 주시기 바랍니다.
박　　 네, 알겠습니다. 이거면 될까요?
종업원 네, 감사합니다. 그럼 편안하게 쉬십시오.

☐ いらっしゃいませ	어서 오세요	☐ 記入	기입	
☐ 予約	예약	☐ 出口	출구	
☐ ～様	～님	☐ できるだけ	가능한 한	
☐ 2泊	2박	☐ 注文	주문	
☐ 連絡先	연락처	☐ 拝見する	삼가 보다	
☐ 過ごす	(시간을) 보내다	☐ 国際関係	국제관계	
☐ 部長	부장	☐ おしぼり	물수건	
☐ 自由	자유	☐ お辞儀	절함, 인사함	
☐ 課長	과장	☐ 返事	답장, 대답	
☐ わざわざ	일부러	☐ おかず	반찬	
☐ 恐縮	황송하다	☐ おにぎり	주먹밥	
☐ 論文	논문	☐ おやつ	간식	
☐ 探す	찾다	☐ チェックイン	체크인	
☐ 少々	조금	☐ シングルルーム	싱글 룸	
☐ 宿泊	숙박	☐ メールアドレス	메일 주소	

경어표현

일본어의 경어법은 상대방의 나이, 지위나 말하는 사람과의 관계와 상관없이, 얼마나 가깝고 친한 사이인가에 따라 결정된다.

1 정중한 표현

상대방에게 공손하게 말하는 표현이다.

종류	만드는 법
명사 · い형용사 기본형 · な형용사 어간	+ です
동사 ます형	+ ます
です	→ でございます
あります	→ ございます
いいですか	→ よろしいですか よろしいでしょうか

▶ Track 11-03

❶ ここは静かです。
여기는 조용합니다.

❷ それは私のでございます。
그것은 저의 것입니다.

❸ あちらに出口がございます。
저쪽에 출구가 있습니다.

❹ この写真、拝見してもよろしいでしょうか。
이 사진을 좀 봐도 되겠습니까?

128

2 존경표현

상대방을 높이는 표현이다.

❶ 존경동사

존경동사를 사용하여 존경을 표현한다.

동사	존경동사	의미
する	なさる	하시다
いる	いらっしゃる・おいでになる	계시다
行く	いらっしゃる・おいでになる	가시다
来る	いらっしゃる・おいでになる お越しになる・お見えになる	오시다
言う	おっしゃる	말씀하시다
飲む・食べる	召し上がる	드시다
見る	ご覧になる	보시다
着る	お召しになる	입으시다
寝る	お休みになる	주무시다
死ぬ	亡くなる	돌아가시다
知っている	ご存じだ	아시다
くれる	下さる	주시다

▶ Track 11-05

❶ 社長、この映画ご覧になりましたか。

사장님, 이 영화 보셨습니까?

❷ お客さんがお見えになりました。

손님이 오셨습니다.

❸ この方、ご存じですか。

이 분을 아십니까?

❷ お[ご] + 동사 ます형 + になる / ご + 한자어 + になる

일반 동사를 존경형으로 만들어 상대방을 높이는 표현이다.

▶ Track 11-06

❶ この本は先生がお書きになりました。

이 책은 선생님이 쓰셨습니다.

❷ お客様がお買いになった本です。

고객님이 구매하신 책입니다.

❸ 先生が直接ご説明になるそうです。

선생님께서 직접 설명하신다고 합니다.

❸ れる・られる

일반 동사를 존경형으로 만들어 존경표현을 나타낼 때 쓰며, 주로 회화체에서 사용된다. (단, 3그룹 동사는 사용할 수 없다.)

▶ Track 11-07

❶ この本は先生が書かれました。

이 책은 선생님이 쓰셨습니다.

❷ 先生はさっき帰られました。

선생님은 조금 전에 돌아가셨습니다.

❸ 部長はちょっと出かけられました。

부장님은 잠깐 외출하셨습니다.

❹ お[ご] + 동사 ます형 + ください / ご + 한자어 + ください

「～てください」의 존경표현이다.

▶ Track 11-08

❶ お読みください。

읽어 주십시오.

❷ どうぞ、お座りください。

어서 앉으십시오.

❸ できるだけ早くご連絡ください。

가능한 한 빨리 연락주십시오.

❺ お[ご] + 동사 ます형 + です / ご + 한자어 + です

동사를 명사형으로 만들어 존경표현을 나타낸다.

▶ Track 11-09

❶ お客様がお待ちです。

손님이 기다리십니다.

❷ 社長がお呼びです。

사장님이 부르십니다.

❸ 先生は明日からご旅行です。

선생님은 내일부터 여행가십니다.

❻ 명사·형용사의 존경표현

명사와 형용사 앞에 접두어 「お」나 「ご」를 붙여 존경표현을 나타낸다. 주로 고유어에는 「お」, 한자어에는 「ご」를 붙인다.

▶ Track 11-10

종류	예
고유어	お国, お宅, お暇, おしぼり, お辞儀, お知らせ, ご馳走, ごゆっくり 等
한자어	ご家族, ご注文, ご案内, ご相談, ご病気, ご親切に, ご自由に, ご[お]返事 等 ※ 한자어 중 일상생활에서 자주 사용하는 단어는 앞에 「お」를 붙인다. お元気, お上手, お客様, お名前, お時間, お電話, お掃除, お洗濯, お散歩
형용사	お忙しい, お若い, お強い, お美しい 等
미화어	ご飯, おかず, お茶, お酒, おにぎり, おやつ, お土産, お肉, お菓子, お豆腐 等

❶ お国はどちらですか。

고국은 어디십니까?

❷ ご親切にどうもありがとうございます。

친절히 대해 주셔서 대단히 감사합니다.

❸ わざわざお忙しいところをおいでくださって恐縮です。

바쁘신 와중에 일부러 와 주셔서 송구스럽습니다.

❹ お茶でもいかがですか。

차라도 한 잔 하시겠습니까?

연습문제

1 예문과 같이 빈 칸을 채우세요.

> **예**
>
> 昨日、先生が 来ました → いらっしゃいました 。

❶ 社長は来週、日本へ出張に 行きます → _____ 。

❷ 部長はあまりお酒を 飲みません → _____ 。

❸ 田中さんを 知っていますか → _____ 。

❹ 先月、田中さんのお祖母さんが 死にました → _____ 。

❺ 先生が私に くれた → _____ 本です。

2 예문과 같이 빈 칸을 채우세요.

예

そのことをいつ 聞^ききましたか → お聞^ききになりましたか 。

❶ 先生は国際関係の論文を 書^かきました → _____ 。

❷ もう田中^{た なか}さんに 会^あいましたか → _____ 。

❸ 課長^{か ちょう}は昨日^{きのう}、 休^{やす}みました → _____ 。

❹ 昨日^{きのう}の飲^のみ会^{かい}で、 お酒^{さけ}を 飲^のみましたか → _____ 。

❺ この料理^{りょう り}は、 山田^{やま だ}さんのお母^{かあ}さんが 作^{つく}った → _____物^{もの}です。

③ 예문과 같이 빈 칸을 채우세요.

예

このペンを 使ってください → お使いください 。

① ここに 座ってください → ＿＿＿＿＿＿＿＿＿＿＿＿＿＿ 。

② いい年を 迎えてください → ＿＿＿＿＿＿＿＿＿＿＿＿＿ 。

③ こちらに 記入してください → ＿＿＿＿＿＿＿＿＿＿＿ 。

④ 良い一日を 過ごしてください → ＿＿＿＿＿＿＿＿＿＿＿ 。

⑤ メールアドレスを 教えてください → ＿＿＿＿＿＿＿＿ 。

④ 예문과 같이 빈 칸을 채우세요.

예

しゃちょう つか　　　　　　　　つか
社長は 疲れています → お疲れです 。

① しゃちょう きょう やす
社長は今日、 休みます → _____ 。

② ぶ ちょう あした りょこう
部長は明日から旅行します → _____ 。

③ なに さが
何か 探していますか → _____ 。

④ み ぶんしょうめいしょ も
身分証明書は 持っていますか → _____ 。

⑤ で
どこか 出かけますか → _____ 。

⑤ 일본어로 써 보세요.

❶ 다나카 씨는 어디에 계십니까?

_____ 。

❷ 점심은 무엇을 드셨습니까?

_____ 。

❸ 이것은 선생님이 쓰신 책입니다.

_____ 。

❹ 사장님은 방금 귀가하셨습니다. (帰る)

_____ 。

❺ 이쪽에 앉으십시오.

_____ 。

❻ 손님, 무엇을 찾고 계신가요?

_____ 。

일본의 신사(神社) 이야기

「신사(神社)」는 일본의 전통 종교인 「신토(神道)」의 사찰을 말하는데, '신토'는 일본 고유의 민족 신앙으로 선조나 자연을 숭배하는 토착 신앙이다. '신토'는 종교라기보다 조상의 가르침에 따라 신앙의 대상을 받들어 모시는 국민 신앙이며, '신사'는 모든 자연물에 신이 깃들어 있다는 자연 숭배 사상을 근본으로 하고 있다.

현재 일본에는 8만 여 곳의 신사에 2천 여 종 이상의 신을 모시고 있는 것으로 알려져 있는데, 이렇게 산재된 신사에서는 토착 신앙과 관련된 신을 모시거나 전설의 인물, 신격화된 실존 인물에게 제사를 지낸다. 일본의 신사는 동네 한가운데나 도시 한복판에 자리잡고 있어 남녀노소 누구나 부담없이 신사를 찾을 수 있는데, 주로 사업, 결혼, 연애, 시험, 교통안전, 출산 등 현세의 문제에 대한 소원을 많이 빈다.

일본의 유명한 신사로는 교토의 「헤이안 진구(平安神宮)」와 도쿄 하라주쿠의 「메이지 진구(明治神宮)」, 후쿠오카의 「다자이후 텐만구(大宰府天満宮)」가 있다.

헤이안 진구

다자이후 텐만구

12과

見ていただけないでしょうか。

봐 주시면 안 될까요?

▶ Track 12-01

（ノックの音）

先生　はい、どうぞ。

キム　失礼します。先生、今ちょっとよろしいでしょうか。

先生　ええ、いいですよ。

キム　あのう、ちょっとお願いしたいことがあるんですが…。

先生　ええ。何ですか。

キム　実は今度、日本語のスピーチ大会に出ることになりました。
　　　　ですので、書いた原稿を見ていただけないでしょうか。

先生　いいですよ。いつまでですか。

キム　できれば、明後日までにお願いできませんか。

先生　明後日ですね。分かりました。

キム　ありがとうございます。
　　　　お忙しいところすみませんが、よろしくお願い致します。

해석

（노크 소리）

선생님　네, 들어오세요.

김　실례합니다. 선생님, 지금 잠깐 시간 괜찮으십니까?

선생님　네, 좋아요.

김　저기, 좀 부탁드리고 싶은 게 있습니다만.

선생님　네, 뭔가요?

김　실은 이번에 일본어 스피치 대회에 나가게 되었습니다.
　　그래서 말인데, 제가 쓴 원고를 봐 주시면 안 될까요?

선생님　좋아요. 언제까지죠?

김　가능하면 모레까지 부탁드려도 되겠습니까?

선생님　모레요? 알겠습니다.

김　감사합니다.
　　바쁘신 와중에 죄송합니다만, 잘 부탁드립니다.

日本語スピーチ大会

□ 今度 <small>こんど</small>	이번	□ 原稿 <small>げんこう</small>	원고
□ 大会 <small>たいかい</small>	대회	□ できれば	가능하면
□ お宅 <small>たく</small>	댁	□ ～に関しては <small>かん</small>	～에 관해서는
□ 荷物 <small>にもつ</small>	짐	□ 研究室 <small>けんきゅうしつ</small>	연구실
□ 案内 <small>あんない</small>	안내	□ 冷たい <small>つめ</small>	차갑다
□ 後日 <small>ごじつ</small>	다음에	□ ノック	노크
□ 訪ねる <small>たず</small>	방문하다	□ スピーチ	스피치

겸양표현

자기 자신을 낮추어 상대방을 높이는 표현이다.

▶ Track 12-03

1 겸양동사

동사	겸양동사	의미
する	致^{いた}す	하다
いる	おる	있다
行^いく・来^くる	参^{まい}る	가다, 오다
言^いう	申^{もう}す	말씀드리다
飲^のむ・食^たべる	いただく	마시다, 먹다
会^あう	お目^めにかかる	뵙다
見^みる	拝見^{はいけん}する	보다
聞^きく・尋^{たず}ねる・訪^{たず}ねる	伺^{うかが}う	여쭙다, 찾아뵙다
知^しる	存^{ぞん}じる	알다
～と思^{おも}う	～と存^{ぞん}じる	～라고 생각하다
あげる	差^さし上^あげる	드리다
もらう	いただく	받다

❶ ちょっと<ruby>伺<rt>うかが</rt></ruby>いたいことがありますが…。

좀 여쭙고 싶은 게 있습니다만.

❷ <ruby>先日<rt>せんじつ</rt></ruby>いただいた<ruby>お手紙<rt>てがみ</rt></ruby>、<ruby>拝見<rt>はいけん</rt></ruby>しました。

일전에 보내 주신 편지 읽어보았습니다.

❸ そのことに<ruby>関<rt>かん</rt></ruby>してはもう<ruby>存<rt>ぞん</rt></ruby>じております。

그 일에 관해서는 이미 알고 있습니다.

2 お[ご] + 동사 ます형 + する / ご + 한자어 + する
~해 드리겠다

우리말의 '~해 드리겠습니다'라는 표현이다. 상대방의 의향을 물을 때에는 「~しましょうか(~해 드릴까요?)」의 형태로 사용된다.

❶ <ruby>先生<rt>せんせい</rt></ruby>、<ruby>お荷物<rt>にもつ</rt></ruby>を<ruby>お持<rt>も</rt></ruby>ちします。

선생님, 짐을 들어 드리겠습니다.

❷ <ruby>私<rt>わたし</rt></ruby>が<ruby>お読<rt>よ</rt></ruby>みします。

제가 읽어 드리겠습니다.

❸ <ruby>私<rt>わたし</rt></ruby>が<ruby>ご案内<rt>あんない</rt></ruby>します。

제가 안내해 드리겠습니다.

❹ <ruby>私<rt>わたし</rt></ruby>に<ruby>ご説明<rt>せつめい</rt></ruby>させてください。

제가 설명해 드리겠습니다. (저에게 설명을 하게 해 주세요.)

연 습 문 제

1 예문과 같이 빈 칸을 채우세요.

> **예**
> 初めまして。高橋と 言います → 申します 。

① 後日、また 来ます → _____ 。

② 先生のお宅で日本料理を 食べました → _____ 。

③ 初めて 会います → _____ 。

④ 明日、研究室に 訪ねます → _____ 。

⑤ お祖父さんにお土産を あげました → _____ 。

② 예문과 같이 빈 칸을 채우세요.

예

この本を 貸します → <u>お貸しします</u>。

① 何か冷たい物でも 出しましょうか → _____。

② 部長、佐藤さんを 紹介します → _____。

③ 私が京都を 案内します → _____。

④ 荷物は私が 持ちましょうか → _____。

⑤ この問題、私が 教えましょうか → _____。

3 일본어로 써 보세요.

❶ 또 뵙고 싶습니다.

_____ 。

❷ 괜찮으시다면 이번 월요일에 방문해도 되겠습니까?

_____ 。

❸ 어머니가 만드신 일본 요리를 맛있게 먹었습니다.

_____ 。

❹ 내일부터 일본으로 출장을 다녀옵니다.

_____ 。

❺ 저는 그 사건을 잘 알고 있습니다.

_____ 。

❻ 할아버지께 드릴 선물을 샀습니다.

_____ 。

일본의 「마쓰리(祭)」 이야기

　일본에는 지역마다 특유의 「마쓰리(祭)」가 있는데 그 수는 약 30만 건에 이르는 것으로 알려져 있다. 「祀る(제사 지내다, 혼령을 모시다)」를 어원으로 하는 마쓰리는 사계절과 환절기 모두 개최되는데, 이는 인간의 생활과 밀접한 관계가 있다. 가령, 농촌에서는 쌀농사의 풍년을 기원하고 어촌에서는 풍어를 기원하기 위해 마쓰리가 행해진다.

〈일본의 3대 마쓰리〉

1. 기온마쓰리(祇園祭) : 교토 지역에서 천 년 이상의 역사를 가진 「야사카신사(八坂神社)」와 그 주변에서 개최되며, 시기는 매년 7월 1일~30일이다.

2. 덴진마쓰리(天神祭) : 오사카 최대 규모의 마쓰리로 약 천 년의 역사를 갖고 있다. 「오사카 텐만구(大阪天満宮)」 및 「오카와(大川)」 주변에서 개최되며, 시기는 매년 7월 24일~25일이다.

3. 간다마쓰리(神田祭) : 도쿄의 「간다묘진(神田明神)」이라는 신사에서 열리는데, 간다묘진은 730년 지금의 「오테마치(大手町)」에 세워졌고, 1616년 「에도성(江戸城)」의 수호신 역할을 하기 위해 지금의 장소로 옮겨졌다. '간다마쓰리'는 2년에 한 번 개최되며, 매회 30만 명 이상이 참가한다고 한다.

기온마쓰리　　　　　　　　　덴진마쓰리　　　　　　　　　간다마쓰리

연습문제 정답

頑張ってください。

① ① Ⓐ もっと大きい声で話してください。(お腹が空いている)

Ⓑ すみません。お腹が空いていて。

② Ⓐ 日曜日、コンサートに行きませんか。(土曜日から出張)

Ⓑ すみません。土曜日から出張で。

③ Ⓐ どうしてレポートを出さなかったんですか。(忘れてしまう)

Ⓑ すみません。忘れてしまって。

④ Ⓐ 元気がないですね。(夕べ暑くて寝られない)

Ⓑ すみません。夕べ暑くて寝られなくて。

② ① Ⓐ 冬休み、一緒に旅行しませんか。(日本語を習う)

Ⓑ あ、冬休みは日本語を習うので、ちょっと…。

② Ⓐ これからカラオケに行きませんか。(私は歌が下手だ)

Ⓑ あ、私は歌が下手なので、ちょっと…。

③ Ⓐ 具合が悪いんですか。(今日、寝不足だ)

Ⓑ あ、今日、寝不足なので、ちょっと…。

④ Ⓐ 食事しに行かないんですか。(朝ご飯が遅かった)

Ⓑ あ、朝ご飯が遅かったので、ちょっと…。

③

① お酒を飲み過ぎた せいで 、気持ちが悪いです。

② 体が丈夫な おかげで 、風邪を引いたことがありません。

③ 大雨の せいで 、出かけられませんでした。

④ 家の近くにコンビニができた おかげで 、便利になりました。

⑤ 熱帯夜が続いている せいで 、眠れませんでした。

⑥ Ⓐ お子さんの怪我はどうですか。

Ⓑ おかげさまで 、だいぶよくなりました。

④

① 유능한 사원 덕분에 매상이 올랐습니다.
有能な社員のおかげで、売り上げが上がりました 。

② 주행 중에는 위험하니까 일어서지 마십시오.
走行中には危ないですから、立たないでください 。

③ 버스가 늦게 와서 지각하고 말았습니다.
バスが遅れて来たので、遅刻してしまいました 。

④ 수면부족으로 면접시험에 지각하고 말았습니다.
睡眠不足で、面接試験に遅れてしまいました 。

⑤ 매일 운동하는 덕분에 항상 건강합니다.
毎日運動しているおかげで、いつも元気です 。

2과 バイトをしなければなりません。

의미	동사	부정형	의미	동사	부정형
사다	買う	買わない	만나다	会う	会わない
걷다	歩く	歩かない	가다	行く	行かない
헤엄치다	泳ぐ	泳がない	이야기하다	話す	話さない
빌려주다	貸す	貸さない	기다리다	待つ	待たない
들다	持つ	持たない	죽다	死ぬ	死なない
부르다	呼ぶ	呼ばない	날다	飛ぶ	飛ばない
읽다	読む	読まない	마시다	飲む	飲まない
끝나다	終わる	終わらない	만들다	作る	作らない
돌아가다	帰る	帰らない	들어가다	入る	入らない
알다	知る	知らない	자르다	切る	切らない
일어나다	起きる	起きない	보다	見る	見ない
먹다	食べる	食べない	자다	寝る	寝ない
오다	来る	来ない	하다	する	しない

150

2 ❶ 行く → 行かない → 行かなかった

❷ 見る → 見ない → 見なかった

❸ 貸す → 貸さない → 貸さなかった

❹ 来る → 来ない → 来なかった

❺ 運動する → 運動しない → 運動しなかった

3 ❶ 言う → このことは誰にも 言わない 方がいいです。

❷ 働く → 無理して 働かない 方がいいです。

❸ 飲み過ぎる → お酒を 飲み過ぎない 方がいいです。

❹ 書く → ボールペンで 書かない 方がいいです。

4 ❶ 会議に出席する → 会議に出席しなければならないです。

　　　　　　　　　　 会議に出席しなくてもいいです。

❷ 急ぐ → 急がなければならないです。

　　　　 急がなくてもいいです。

❸ タクシに乗る → タクシに乗らなければならないです。

　　　　　　　　 タクシに乗らなくてもいいです。

❹ 先生に会う → 先生に会わなければならないです。

　　　　　　　 先生に会わなくてもいいです。

⑤

① 다음 주 시험이라서 공부하지 않으면 안 됩니다.

<ruby>来週<rt>らいしゅう</rt></ruby>、<ruby>試験<rt>しけん</rt></ruby>なので、<ruby>勉強<rt>べんきょう</rt></ruby>しなければいけません。

② 약속을 지키지 않으면 안 됩니다.

<ruby>約束<rt>やくそく</rt></ruby>を<ruby>守<rt>まも</rt></ruby>らなければなりません。

③ 회의에 출석하지 않아도 됩니다.

<ruby>会議<rt>かいぎ</rt></ruby>に<ruby>出席<rt>しゅっせき</rt></ruby>しなくてもいいです。

④ 무리하지 않는 편이 좋습니다.

<ruby>無理<rt>むり</rt></ruby>しない<ruby>方<rt>ほう</rt></ruby>がいいです。

⑤ 위험하니까 밀지 말아 주세요.

<ruby>危<rt>あぶ</rt></ruby>ないですから、<ruby>押<rt>お</rt></ruby>さないでください。

3과 辛い物が食べられますか。

의미	동사	가능형	의미	동사	가능형
만나다	会う	会える	가지다	持つ	持てる
보다	見る	見られる	가다	行く	行ける
만들다	作る	作れる	나가다	出る	出られる
생각하다	思う	思える	오다	来る	来られる
놀다	遊ぶ	遊べる	(사진을) 찍다	撮る	撮れる
먹다	食べる	食べられる	팔다	売る	売れる
쓰다	書く	書ける	자다	寝る	寝られる
가르치다	教える	教えられる	흡입하다	吸う	吸える
일하다	働く	働ける	외우다	覚える	覚えられる
걷다	歩く	歩ける	노래하다	歌う	歌える
기다리다	待つ	待てる	읽다	読む	読める
헤엄치다	泳ぐ	泳げる	배우다	習う	習える
하다	する	できる	죽다	死ぬ	死ねる
사다	買う	買える	씻다	洗う	洗える
쉬다	休む	休める	놓다	置く	置ける

② **❶** お酒を飲む → <u>お酒を飲むことができますか</u>。

　　　　　　　はい、<u>飲めます</u>。/ いいえ、<u>飲めません</u>。

❷ 自転車に乗る → <u>自転車に乗ることができますか</u>。

　　　　　　　はい、<u>乗れます</u>。/ いいえ、<u>乗れません</u>。

❸ 漢字を書く → <u>漢字を書くことができますか</u>。

　　　　　　　はい、<u>書けます</u>。/ いいえ、<u>書けません</u>。

❹ ここで少し待つ → <u>ここで少し待つことができますか</u>。

　　　　　　　はい、<u>待てます</u>。/ いいえ、<u>待てません</u>。

③ **❶** 名前がカタカナで <u>書きます</u> → <u>書けます</u>。

❷ この雑誌が <u>借ります</u> → <u>借りられます</u>。

❸ このマンションではペットが <u>飼います</u> → <u>飼えます</u>。

❹ バイクに <u>乗ります</u> → <u>乗れます</u>。

❺ スポーツは何でも <u>します</u> → <u>できます</u>。

❻ お腹が痛いですから、<u>食べません</u> → <u>食べられません</u>。

4 **①** 주말에는 친구를 만날 수 있습니다.

しゅうまつ　　　ともだち　あ
週末には友達に会えます。

② 일이 끝날 때까지 집에 돌아갈 수 없습니다.

し　ごと　　お　　　　　　いえ　かえ
仕事が終わるまで家に帰れません。

③ 초등학생 때부터 수영할 수 있었습니다.

しょうがくせい　　とき　　　　およ
小学生の時から泳ぐことができました。

④ 다리가 아파서 못 걷겠습니다.

あし　　いた　　　　　　ある
足が痛くて、歩けません。

⑤ 이제 일본어를 말할 수 있습니다.

に　ほん　ご　　　はな
もう日本語が話せます。

동사	～と	～ば	～たら	～なら
会う	会うと	会えば	会ったら	会うなら
動く	動くと	動けば	動いたら	動くなら
急ぐ	急ぐと	急げば	急いだら	急ぐなら
返す	返すと	返せば	返したら	返すなら
待つ	待つと	待てば	待ったら	待つなら
飛ぶ	飛ぶと	飛べば	飛んだら	飛ぶなら
休む	休むと	休めば	休んだら	休むなら
帰る	帰ると	帰れば	帰ったら	帰るなら
捨てる	捨てると	捨てれば	捨てたら	捨てるなら
来る	来ると	来れば	来たら	来るなら
する	すると	すれば	したら	するなら
安い	安いと	安ければ	安かったら	安いなら
安全だ	安全だと	安全ならば	安全だったら	安全なら
風邪	風邪だと	風邪ならば	風邪だったら	風邪なら

2 **①** ここを 押す → 押す と、おつりが出ます。

② 鍵が ない → ない と、入れません。

③ 4月に なる → なれ ば、暖かくなりますよ。

④ どう する → すれ ば、いいですか。

⑤ 帰る → 帰っ たら、すぐ寝ます。

⑥ 卒業する → 卒業し たら、どうしますか。

⑦ 水曜日はだめですけど、木曜日だ → 木曜日 なら、空いています。

⑧ Ⓐ 中華料理で、いいお店を知りませんか。

　　 Ⓑ 中華だ → 中華 なら、駅前の「一番」がいいですよ。

3 **①** あの交差点を 左に曲がると 、左にありますよ。

② あの橋を 渡ると 、右にありますよ。

③ あの角を 右に曲がると 、右にありますよ。

④ あの信号を 渡ると 、すぐ右にありますよ。

⑤ あの角を 左に曲がると 、右にありますよ。

④ ① 이 볼륨을 돌리면 소리가 커집니다.

このボリュームを回すと音が大きくなります。

② 전부 더하면 3,500엔이 됩니다.

全部足すと、3,500円になります。

③ 부산역까지 가고 싶습니다만, 어떻게 가면 되나요?

プサン駅まで行きたいんですが、どう行ったらいいですか。

④ 일본 라면이라면 역시 돈코츠라면이죠.

日本のラーメンなら、やはり豚骨ラーメンですね。

⑤ 매일 운동하면 건강해집니다.

毎日運動したら、健康になります。

동사	의지형	～う[よう]+と思う	～つもりだ	～予定だ
買う	買おう	買おうと思う	買うつもりだ	買う予定だ
歩く	歩こう	歩こうと思う	歩くつもりだ	歩く予定だ
泳ぐ	泳ごう	泳ごうと思う	泳ぐつもりだ	泳ぐ予定だ
貸す	貸そう	貸そうと思う	貸すつもりだ	貸す予定だ
持つ	持とう	持とうと思う	持つつもりだ	持つ予定だ
呼ぶ	呼ぼう	呼ぼうと思う	呼ぶつもりだ	呼ぶ予定だ
読む	読もう	読もうと思う	読むつもりだ	読む予定だ
終わる	終わろう	終わろうと思う	終わるつもりだ	終わる予定だ
帰る	帰ろう	帰ろうと 思う	帰るつもりだ	帰る予定だ
知る	知ろう	知ろうと思う	知るつもりだ	知る予定だ
起きる	起きよう	起きようと思う	起きるつもりだ	起きる予定だ
食べる	食べよう	食べようと思う	食べるつもりだ	食べる予定だ
来る	来よう	来ようと思う	来るつもりだ	来る予定だ
する	しよう	しようと思う	するつもりだ	する予定だ

② **❶** Ⓐ 週末に何をしようと思いますか。(行く)

Ⓑ 家族と外食に 行こう と思います。

❷ Ⓐ 連休に何をするつもりですか。(デートする)

Ⓑ 彼女に会って デートする つもりです。

❸ Ⓐ 卒業したら、何をする予定ですか。(留学する)

Ⓑ 日本に 留学する 予定です。

❹ Ⓐ 色々な意見が出て、なかなか決まりませんね。(話し合う)

Ⓑ では、来週もう一度、 話し合うことに しましょう。

❺ Ⓐ これからお茶でも飲みに行きませんか。(会う)

Ⓑ すみません。今から先生と 会うことに なっています。

③ **❶** 다음 달에 결혼할 예정입니다.

来月、結婚する予定です 。

❷ 내일부터 다이어트를 하려고 합니다.

明日からダイエットしようと思います 。

❸ 여름방학에 자전거로 전국여행을 할 예정입니다.

夏休みに自転車で全国旅行をする予定です 。

❹ 머리가 아프기 때문에 아르바이트를 쉴 생각입니다.

頭が痛いので、バイトを休むつもりです 。

❺ 실내에서는 모자를 벗게 되어 있습니다.

室内では帽子を脱ぐことになっています 。

❻ 자기 전에 일기를 쓰고 있습니다.

寝る前に日記をつけています 。

6과 ケーキはパクさんが買って来てくれますよ。

①

❶ パクさん ⇨ 後輩 / 本

　　パクさんは後輩に本をあげました 。

❷ 父 ⇨ 母 / 花束

　　父は母に花束をあげました 。

❸ 私 ⇨ 友達 / 手伝う

　　私は友達を手伝ってあげました 。

❹ 林 ⇨ イさん / 助ける

　　林はイさんを助けてあげました 。

②

❶ イさん ⇨ 私 / 化粧品

　　イさんは私に化粧品をくれました 。

❷ 母 ⇨ 妹 / お小遣い

　　母は妹にお小遣いをくれました 。

❸ 先生 ⇨ 私たち / 漢字を教える

　　先生は私たちに漢字を教えてくださいました 。

❹ 先生 ⇨ 私 / 日本語の詩を読む

　　先生は私に日本語の詩を読んでくださいました 。

③

① 林_{はやし}さん ⇐ イさん / 辞書_{じしょ}

林_{はやし}さんはイさんに辞書_{じしょ}をもらいました。

② イさん ⇐ チェさん / お土産_{みやげ}

イさんはチェさんにお土産_{みやげ}をもらいました。

③ 私_{わたし} ⇐ 父_{ちち} / 褒_ほめる

私_{わたし}は父_{ちち}に褒_ほめてもらいました。

④ 私_{わたし} ⇐ 先生_{せんせい} / 漢字_{かんじ}を教_{おし}える

私_{わたし}は先生_{せんせい}に漢字_{かんじ}を教_{おし}えていただきました。

④

① 작년 생일에 무엇을 받았습니까?

去年_{きょねん}の誕生日_{たんじょうび}に何_{なに}をもらいましたか。

② 올해 어버이날에 무엇을 드렸습니까?

今年_{ことし}の親_{おや}の日_ひに何_{なに}をあげましたか。

③ 생일에 무엇을 받고 싶습니까?

お誕生日_{たんじょうび}に何_{なに}をもらいたいですか。

④ 어머니가 요리를 만들어 보내 주셨습니다.

母_{はは}が料理_{りょうり}を作_{つく}って送_{おく}ってくれました。

⑤ 아버지는 졸업 선물로 시계를 사 주셨습니다.

父_{ちち}は卒業祝_{そつぎょういわ}いに時計_{とけい}を買_かってくださいました。

⑥ 할아버지는 남동생에게 자전거를 사 주셨습니다.

祖父_{そふ}は弟_{おとうと}に自転車_{じてんしゃ}を買_かってくれました。

①

① 会社員 → 彼は 会社員だそうです 。

② 真面目だ → あの学生は 真面目だそうです 。

③ 寒い → 日本の北海道の冬は 寒いそうです 。

④ 降る → 午後から雨が 降るそうです 。

②

① 暇だ → 父は 暇そうな 週末を過ごしています。

② 時間がない → 忙しくて休める 時間がなさそうです 。

③ 降る → 今にも雨が 降りそうです 。

④ 気持ちいい → 赤ちゃんが 気持ちよさそうに 寝ています。

③

① 夏休み → 息子は明日から 夏休みらしいです 。

② 綺麗だ → あの店の中は見た目より 綺麗らしいです 。

③ 来る → 明日プサンに有名な芸能人が 来るらしいです 。

④ 涼しい → 北海道の夏は 涼しいらしいです 。

④

① 日本人 → まるで 日本人のように・日本人みたいに 話しています。

② 止む(과거) → 雨が 止んだようです・止んだみたいです 。

③ いい(부정) → 体調があまり よくないようです・よくないみたいです。

④ 静かだ → あの図書館が一番 静かなようです・静かみたいです 。

163

5 **①** 소문에 의하면 그는 유명인이 되었다고 합니다.

噂によると、彼は有名人になったそうです。

② 그의 이야기에 따르면 다나카 씨가 다쳤다고 합니다.

彼の話では田中さんが怪我をしたそうです。

③ 그녀는 건강하지 않아 보여요.

彼女は元気じゃなさそうです。

④ 죄송하지만, 내일 파티에는 못 갈 것 같아요.

すみませんが、明日のパーティーには行きそうもありません。

⑤ 저 그림은 마치 사진 같아요.

あの絵は、まるで写真のようです。

⑥ 그는 요즘 바빠서, 오늘 참석 못 할지도 모릅니다.

彼はこの頃忙しくて、今日、参席できないかもしれません。

⑦ 그는 열심히 공부했으니까, 불합격했을 리가 없습니다.

彼は一生懸命勉強しましたから、不合格したはずがありません。

負けるな、頑張れ!

1

① 帰る → さっさと 帰れ!

② 言う → 正直に 言え!

③ 待つ → ちょっと 待て!

④ 来る → 11時までに 来い!

⑤ 急ぐ → 時間がないから 急げ!

⑥ 勉強する → 勉強しろ!

2

① これは「入るな」という意味です。

② これは「吸うな」という意味です。

③ これは「触るな」という意味です。

④ これは「通るな」という意味です。

⑤ これは「止めるな」という意味です。

③

① 電車の中では騒ぎません。

→ 電車の中では騒がないこと 。

② 部屋を出る時は必ず電気を消します。

→ 部屋を出る時は必ず電気を消すこと 。

③ 答えは丁寧に書きます。

→ 答えは丁寧に書くこと 。

④ 詳しくはホームページを参照します。

→ 詳しくはホームページを参照すること 。

④

① 텔레비전만 보고 있지 말고 빨리 먹어라.

テレビばかり見ていないで早く食べなさい 。

② 채소도 충분히 먹어라. (て형)

野菜もたっぷり食べて 。

③ 자기 전에 양치질을 할 것.

寝る前に歯磨きをすること 。

④ 빨리 샤워하고 내일 학교 갈 준비도 해.

早くシャワーを浴びて、明日学校に行く支度もして 。

⑤ 여기에 차를 세우지 마!

ここに車を止めるな 。

動詞	受動形	動詞	受動形
歌う	歌われる	呼ぶ	呼ばれる
会う	会われる	作る	作られる
聞く	聞かれる	見る	見られる
歩く	歩かれる	叱る	叱られる
泳ぐ	泳がれる	食べる	食べられる
押す	押される	褒める	褒められる
返す	返される	入る	入られる
持つ	持たれる	切る	切られる
待つ	待たれる	来る	来られる
読む	読まれる	買い物する	買い物される
飲む	飲まれる	開発する	開発される

2 ① 上司は私に仕事を頼みました。

→ <u>私は上司に仕事を頼まれました</u> 。

② 姉が私の大事な物を捨てました。

→ <u>姉に私の大事な物を捨てられました</u> 。

③ 妹が私のシャツを汚しました。

→ <u>妹に私のシャツを汚されました</u> 。

④ 友達が先に行って、腹が立ちました。

→ <u>友達に先に行かれて、腹が立ちました</u> 。

⑤ 出かけようとした時、お隣さんが来て、迷惑でした。

→ <u>出かけようとした時、お隣さんに来られて、迷惑でした</u> 。

3 ① 日本ではマグロをよく食べています。

→ <u>日本ではマグロがよく食べられています</u> 。

② この漫画は主に大人達が読んでいます。

→ <u>この漫画は主に大人達に読まれています</u> 。

③ 千年前にこの建物を建てました。

→ <u>この建物は千年前に建てられました</u> 。

④ K-Popは世界中の人が愛しています。

→ <u>K-Popは世界中の人に愛されています</u> 。

⑤ 世界中でこの本を出版しています。

→ <u>この本は世界中で出版されています</u> 。

④ **①** 어머니가 나의 편지를 읽었습니다.

はは　　 て がみ　　 よ
母に手紙を読まれました。

② 쇼핑 도중에 소매치기를 당했습니다.

か　 もの　　 と ちゅう
買い物の途中、すられました。

③ 2021년에 도쿄 올림픽이 개최되었습니다.

にせんにじゅういちねん　　 とうきょう　　　　　　　　　　　　　　　 かいさい
２０２１年に東京オリンピックが開催されました。

④ 어제는 갑자기 비가 내려서 힘들었습니다.

きのう　 きゅう　 あめ　 ふ　　　　　　 たいへん
昨日は急に雨に降られて大変でした。

⑤ 회식자리에서 술 취한 사람이 시비를 걸어서 곤란했습니다.

の　 かい　　　 よ　 ぱら　　 から　　　　 こま
飲み会で、酔っ払いに絡まれて、困りました。

10과 買い物に行かせます。

동사	사역형	사역수동형
歌う	歌わせる	歌わされる
聞く	聞かせる	聞かされる
泳ぐ	泳がせる	泳がされる
押す	押させる	押させられる
持つ	持たせる	持たされる
飲む	飲ませる	飲まされる
呼ぶ	呼ばせる	呼ばされる
作る	作らせる	作らされる
叱る	叱らせる	叱らされる
褒める	褒めさせる	褒めさせられる
入る	入らせる	入らされる
来る	来させる	来させられる
する	させる	させられる

② ❶ 弟は駅まで迎えに来ました。

　　　→ 私は 弟を駅まで迎えに来させました 。

❷ 田中さんはアメリカに出張します。

　　　→ 部長は 田中さんをアメリカに出張させます 。

❸ 娘は日本に留学しました。

　　　→ 私は 娘を日本に留学させました 。

❹ 祖母は薬を飲みました。

　　　→ 母は 祖母に薬を飲ませました 。

❺ 姉はやりたいことをやりました。

　　　→ 父は 姉にやりたいことをさせました 。

③ ❶ 昨日、病院へ行きました。患者が多くて、1時間ぐらい待たせました。

→ 私は昨日、病院へ行ったのに、患者が多くて1時間ぐらい待たされました。

❷ 私はお酒が好きです。お医者さんはお酒を止めさせました。

→ 私はお酒が好きなのに、お医者さんにお酒を止めさせられました。

❸ 私はテレビをもっと見ていたかったです。母はテレビを消させました。

→ 私はテレビをもっと見ていたかったのに、母にテレビを消させられました。

❹ 先に帰りたかったです。上司は付き合わせました。

→ 私は先に帰りたかったのに、上司に付き合わされました。

④ ❶ 아버지는 나에게 심부름을 보냈습니다.

父は私にお使いに行かせました。

❷ 어머니는 나에게 집안일을 돕게 합니다.

母は私に家事を手伝わせます。

❸ 선배는 나에게 운전을 시켰습니다.

先輩は私に運転をさせました。

❹ 선생님은 나에게 매일 한자를 외우게 했습니다. (사역수동)

私は先生に毎日漢字を覚えさせられました。

❺ 어렸을 때, 어머니는 나에게 싫어하는 우유를 마시게 했습니다. (사역수동)

子供の時、私は母に嫌いな牛乳を飲まされました。

ご<ruby>予約<rt>よやく</rt></ruby>をなさいましたか。

1
① <ruby>社長<rt>しゃちょう</rt></ruby>は<ruby>来週<rt>らいしゅう</rt></ruby>、<ruby>日本<rt>にほん</rt></ruby>へ<ruby>出張<rt>しゅっちょう</rt></ruby>に <u><ruby>行<rt>い</rt></ruby>きます</u> → <u>いらっしゃいます</u> 。

② <ruby>部長<rt>ぶちょう</rt></ruby>はあまりお<ruby>酒<rt>さけ</rt></ruby>を <u><ruby>飲<rt>の</rt></ruby>みません</u> → <u><ruby>召<rt>め</rt></ruby>し<ruby>上<rt>あ</rt></ruby>がりません</u> 。

③ <ruby>田中<rt>たなか</rt></ruby>さんを <u><ruby>知<rt>し</rt></ruby>っていますか</u> → <u>ご<ruby>存<rt>ぞん</rt></ruby>じですか</u> 。

④ <ruby>先月<rt>せんげつ</rt></ruby>、<ruby>田中<rt>たなか</rt></ruby>さんのお<ruby>祖母<rt>ばあ</rt></ruby>さんが <u><ruby>死<rt>し</rt></ruby>にました</u> → <u><ruby>亡<rt>な</rt></ruby>くなりました</u> 。

⑤ <ruby>先生<rt>せんせい</rt></ruby>が<ruby>私<rt>わたし</rt></ruby>に <u>くれた</u> → <u>くださった</u> <ruby>本<rt>ほん</rt></ruby>です。

2
① <ruby>先生<rt>せんせい</rt></ruby>は<ruby>国際関係<rt>こくさいかんけい</rt></ruby>の<ruby>論文<rt>ろんぶん</rt></ruby>を <u><ruby>書<rt>か</rt></ruby>きました</u> → <u>お<ruby>書<rt>か</rt></ruby>きになりました</u> 。

② もう<ruby>田中<rt>たなか</rt></ruby>さんに <u><ruby>会<rt>あ</rt></ruby>いましたか</u> → <u>お<ruby>会<rt>あ</rt></ruby>いになりましたか</u> 。

③ <ruby>課長<rt>かちょう</rt></ruby>は<ruby>昨日<rt>きのう</rt></ruby>、 <u><ruby>休<rt>やす</rt></ruby>みました</u> → <u>お<ruby>休<rt>やす</rt></ruby>みになりました</u> 。

④ <ruby>昨日<rt>きのう</rt></ruby>の<ruby>飲<rt>の</rt></ruby>み<ruby>会<rt>かい</rt></ruby>で、お<ruby>酒<rt>さけ</rt></ruby>を <u><ruby>飲<rt>の</rt></ruby>みましたか</u> → <u>お<ruby>飲<rt>の</rt></ruby>みになりましたか</u> 。

⑤ この<ruby>料理<rt>りょうり</rt></ruby>は、<ruby>山田<rt>やまだ</rt></ruby>さんのお<ruby>母<rt>かあ</rt></ruby>さんが <u><ruby>作<rt>つく</rt></ruby>った</u> → <u>お<ruby>作<rt>つく</rt></ruby>りになった</u> <ruby>物<rt>もの</rt></ruby>

です。

3
① ここに <u><ruby>座<rt>すわ</rt></ruby>ってください</u> → <u>お<ruby>座<rt>すわ</rt></ruby>りください</u> 。

② いい<ruby>年<rt>とし</rt></ruby>を <u><ruby>迎<rt>むか</rt></ruby>えてください</u> → <u>お<ruby>迎<rt>むか</rt></ruby>えください</u> 。

③ こちらに <u><ruby>記入<rt>きにゅう</rt></ruby>してください</u> → <u>ご<ruby>記入<rt>きにゅう</rt></ruby>ください</u> 。

④ <ruby>良<rt>よ</rt></ruby>い<ruby>一日<rt>いちにち</rt></ruby>を <u><ruby>過<rt>す</rt></ruby>ごしてください</u> → <u>お<ruby>過<rt>す</rt></ruby>ごしください</u> 。

⑤ メールアドレスを <u><ruby>教<rt>おし</rt></ruby>えてください</u> → <u>お<ruby>教<rt>おし</rt></ruby>えください</u> 。

④
① 社長は今日、休みます → お休みです。

② 部長は明日から 旅行します → ご旅行です。

③ 何か 探していますか → お探しですか。

④ 身分証明書は 持っていますか → お持ちですか。

⑤ どこか 出かけますか → お出かけですか。

⑤
① 다나카 씨는 어디에 계십니까?
田中さんはどこにいらっしゃいますか。

② 점심은 무엇을 드셨습니까?
お昼は何を召し上がりましたか。

③ 이것은 선생님이 쓰신 책입니다.
これは先生がお書きになった本です。

④ 사장님은 방금 귀가하셨습니다. (帰る)
社長はただ今お帰りになりました。

⑤ 이쪽에 앉으십시오.
こちらにお座りください。

⑥ 손님, 무엇을 찾고 계신가요?
お客様、何をお探しですか。

見ていただけないでしょうか。

1

① 後日、また 来ます → 参ります。

② 先生のお宅で日本料理を 食べました → いただきました。

③ 初めて 会います → お目にかかります。

④ 明日、研究室に 訪ねます → 伺います。

⑤ お祖父さんにお土産を あげました → 差し上げました。

2

① 何か冷たい物でも 出しましょうか → お出ししましょうか。

② 部長、佐藤さんを 紹介します → ご紹介します。

③ 私が京都を 案内します → ご案内します。

④ 荷物は私が 持ちましょうか → お持ちしましょうか。

⑤ この問題、私が 教えましょうか → お教えしましょうか。

③ **①** 또 뵙고 싶습니다.

また、お目_めにかかりたいです。

② 괜찮으시다면 이번 월요일에 방문해도 되겠습니까?

よろしかったら、今度_{こんど}の月曜日_{げつようび}に伺_{うかが}ってもよろしいでしょうか。

③ 어머니가 만드신 일본 요리를 맛있게 먹었습니다.

お母_{かあ}さんがお作_{つく}りになった日本料理_{にほんりょうり}を美味_{おい}しくいただきました。

④ 내일부터 일본으로 출장을 다녀옵니다.

明日_{あした}から日本_{にほん}へ出張_{しゅっちょう}に行_いって参_{まい}ります。

⑤ 저는 그 사건을 잘 알고 있습니다.

私_{わたし}はその事件_{じけん}をよく存_{ぞん}じております。

⑥ 할아버지께 드릴 선물을 샀습니다.

お祖父_{じい}さんに差_さし上_あげるプレゼントを買_かいました。

동양북스 채널에서 더 많은 도서
더 많은 이야기를 만나보세요!

 유튜브

 인스타그램

 블로그

 포스트

 페이스북

 카카오뷰

외국어 출판 45년의 신뢰
외국어 전문 출판 그룹
동양북스가 만드는 책은 다릅니다.

45년의 쉼 없는 노력과 도전으로 책 만들기에 최선을 다해온
동양북스는 오늘도 미래의 가치에 투자하고 있습니다.
대한민국의 내일을 생각하는 도전 정신과 믿음으로 최선을 다하겠습니다.

동양북스